D1993561

HEYNE
BÜCHER

Julia Andresen

Das große Buch der Vornamen

Die beliebtesten Namen für Mädchen und Jungen nach Herkunft, Bedeutung und den neuesten Trends

Originalausgabe

WILHELM HEYNE VERLAG
MÜNCHEN

HEYNE RATGEBER
Nr. 08/5061

Umwelthinweis:
Dieses Buch wurde auf
chlor- und säurefreiem Papier gedruckt.

5. Auflage

Copyright © 1996 by Wilhelm Heyne Verlag GmbH & Co. KG, München
Printed in Germany 1997
Umschlaggestaltung: Atelier Adolf Bachmann, Reischach
Umschlagillustration: MEV, Augsburg
Gesamtherstellung: Presse-Druck Augsburg

ISBN 3-453-09358-5

Inhalt

Vorwort

»Wie soll es denn heißen?« Das ist sicher eine der Fragen, die werdenden Eltern am häufigsten gestellt wird. Und mit Recht, denn schließlich begleitet uns unser Vorname durch das ganze Leben, und im besten Fall sollte er zu uns passen wie ein maßgeschneidertes Kleidungsstück.

Der Name erst macht den Menschen zum unverwechselbaren Individuum, und deshalb sollte bei der Namenswahl berücksichtigt werden, wie sein Träger voraussichtlich aussieht, wo er aufwächst und wie der Nachname lautet.

Sepp ist ein geläufiger Name in Bayern, aber in Norddeutschland kann man wenig damit anfangen, und eine blonde, pummelige Carmen tut sich, ganz gleich, wo sie wohnt, wohl eher schwer mit ihrem exotischen Vornamen. Regionale Vorlieben spielen natürlich ebenso eine Rolle wie Familientraditionen oder Modeerscheinungen. Also, in jedem Fall eine schwierige Entscheidung. Und genau dabei möchte dieses Buch helfen. Es erhebt keinen Anspruch auf Vollständigkeit, und es ist ganz sicher keine wissenschaftliche Studie für Namensforscher, es möchte lediglich die Vielfalt der Vornamen auflisten, über die wir verfügen, und dadurch zur Diskussion anregen, denn schließlich muß ja der Name nicht nur allen Beteiligten gefallen, sondern er muß auch zum Nachnamen passen, und vor allem muß er zu dem Kind passen.

In den letzten Jahrzehnten wurde die Gesetzgebung gelockert, und Eltern können heute ihrem Kind Namen geben, die vor wenigen Jahren noch undenkbar gewesen wären. Aber natürlich sollte bei der Namenswahl immer im Vordergrund stehen, daß der Träger ihn als unverwechselbares Charakteristikum sein Leben lang behält. »Für jeden Menschen ist ein Name das schönste und bedeutungsvollste Wort in seinem Sprachschatz«, hat Dale Carnegie einmal gesagt, und das sollten alle werdenden Eltern bei ihrer Entscheidung berücksichtigen. Dieses Buch will es ihnen leichter machen.

Hitliste der beliebtesten Vornamen in Deutschland 1994

Alte Bundesländer

	weiblich	*männlich*
1)	Julia	Alexander
2)	Katharina	Daniel
3)	Maria	Maximilian
4)	Laura	Christian
5)	Anna	Lukas
6)	Lisa	Tobias
7)	Sarah	Kevin
8)	Vanessa	Marcel
9)	Jessica	Philipp
10)	Franziska	Sebastian

Neue Bundesländer

	weiblich	*männlich*
1)	Lisa	Philipp
2)	Maria	Maximilian
3)	Lulia	Paul
4)	Anne, Anna	Kevin
5)	Sarah	Sebastian
6)	Franziska	Florian
7)	Jessica	Felix
8)	Sophie	Tobias
9)	Laura	Max
10)	Jennifer	Alexander

Weibliche Vornamen

A

Aaltje: (niederdeutsch) Form von Adelheid
Abby: (englisch) Kurzform von Abigail
Abelina: (hebräisch) Hauch, Vergänglichkeit
Abelke: (niederdeutsch) Kurzform von Alberta
Abigail: (hebräisch) Vaterfreude; Name aus der Bibel
Ada, Adda: Kurzform von Namen mit Adal- und Adel-
Adalberta: weibliche Form von Adalbert
Adalgard: (althochdeutsch) edel und vornehm
Adela, Adele: Kurzformen von Adelheid
Adelaide: (französisch) Form von Adelheid
Adelberga, Adelburga: (althochdeutsch) edel, vornehm und Schutz, Sicherheit
Adele, Adela: Nebenformen von Adelheid
Adéle: (französisch) Form von Adele
Adelgund, Adelgunde: (althochdeutsch) edel, vornehm und Kampf
Adelheid: (althochdeutsch) edel, vornehm und Wesensart

Adelhild, Adelhilde: (althochdeutsch) edel, vornehm und Kampf
Adelinde: (althochdeutsch) edel, vornehm und Schild
Adeline: Weiterbildung von Adele
Adelmut, Adelmute: (althochdeutsch) edel, vornehm und sinnlich, geistig
Adelrun, Adelrune: (althochdeutsch) edel, vornehm und geheim, beratend
Adeltraud, Adeltrud: (althochdeutsch) edel, vornehm und kräftig, stark
Adina: Weiterbildung von Ada
Adna: Herkunft und Bedeutung unklar
Adolfa, Adolfine: weibliche Formen von Adolf
Adriane: weibliche Form von Adrian
Adrienne: (französisch) Form von Adriane
Aenna, Aenne: Nebenformen von Anne
Afra: (lateinisch) Afrikanerin
Agatha, Agathe: (griechisch) die Gute
Agda: (schwedisch) Form von Agathe
Agie, Agi: Kurz- und Koseform von Agnes
Aggie, Aggy: (englisch) Kurzformen von Agathe
Aglaia, Aglaja: (griechisch) glänzend und prächtig
Agna: (schwedisch) Form von Agnes
Agnes: (griechisch) rein, keusch und heilig
Agneta, Agnete: Weiterbildungen von Agnes
Aida: Herkunft und Bedeutung unklar
Aileen: (englisch) Nebenform von Helen
Aimée: (französisch) Form von Amata
Aina: (finnisch) immerwährend
Aischa, Aische: (türkisch) Gemahlin Mohammeds

Alba, Alva: (lateinisch) die Weiße
Alberta: weibliche Form von Albert
Albertina: Weiterbildung von Alberta
Albina: (althochdeutsch) die Elfe
Albrun: (althochdeutsch) Elfe, Naturgeist und geheimnisvoll
Alda: Kurzform von Namen mit Al- und Adel-
Alea: Kurzform von Eulalia
Aldegund, Aldegunde: Nebenformen von Adelgunde
Aleide: Kurzform von Adelheid
Alena: Kurzform von Magdalena
Alessa: Kurzform von Alessandra
Alessandra: (italienisch) Form von Alexandra
Aletta, Alette: (friesisch) Kurzformen von Adelheid
Alexa, Alexia: Kurzformen von Alexandra Alexandra: weibliche Form von Alexander
Alfa: Kurzform von Namen mit Alf-
Alfgard: (althochdeutsch) beschützen, hüten
Alfonsa: weibliche Form von Alfons
Alfreda: weibliche Form von Alfred
Alfrun: Nebenform von Albrun
Alheid: Kurzform von Adelheid
Alice: (englisch) Kurzform von Elisabeth
Alida: Kurzform von Adelheid
Alina, Aline: (arabisch) die Erhabene
Alinde: Kurzform von Adelinde
Alix: Koseform von Alexandra
Alja: Kurzform von Alexandra
Alke, Alkje: (niederdeutsch) Kurz- oder Koseform von Namen mit Al- und Adel-
Alla: (schwedisch) Form von Alexandra

Alma: (spanisch) nährende Mutter; Kurzform von Namen mit Amal-
Almod, Almoda: Nebenformen von Adelmut
Almudis: Nebenform von Adelmut
Almut, Almuth: Kurzformen von Adelmut
Aloisia, Aloysia: weibliche Formen von Alois
Alraune: Nebenform von Adelrune
Alrun, Alrune: Kurzform von Adelrune
Althea: (griechisch) die Heilende
Altraud, Altrud: Kurzformen von Adeltraud
Alwine: weibliche Form von Alwin
Ama: Kurzform von Namen mit Am-
Amabel: (englisch) Form von Amabella
Amabella: (lateinisch) die Liebenswerte
Amadea: (lateinisch) weibliche Form von Amadeus
Amalberga, Amalburga: (althochdeutsch) ostgotischer Geschlechtername und Schutz, Sicherheit
Amalberta: weibliche Form von Amalbert
Amalfrieda: weibliche Form von Amalfried
Amalgund, Amalgunde: (althochdeutsch) ostgotischer Geschlechtername und kämpfen
Amalia, Amalie: Kurzform von Namen mit Amal-
Amanda: (lateinisch) liebenswert
Amarante: (griechisch) die Unvergängliche
Amata: (lateinisch) die Geliebte
Ambrosia: weibliche Form von Ambrosius
Amélie: (französisch) Form von Amalie
Amke: (niederdeutsch) Kurzform von Namen mit Amal-
Amöna: (lateinisch) anmutig, reizend
Amrei: (süddeutsch) Kurzform von Annemarie

Amy: (englisch) Kurzform von Amata
Ana: (spanisch) Form von Anna
Anabel: (englisch) Form von Annabella
Anastasia: weibliche Form von Anastasius
Andel: (süddeutsch) Koseform von Anna
Andrea: weibliche Form von Andreas
Andrée: (französisch) Form von Andrea
Anemone: Name mit der Blume identisch
Angela: (griechisch) der Engel
Angéle: (französisch) Form von Angela
Angelika, Angelica: (griechisch) die Engelsgleiche
Angelina: (italienisch) das Engelchen
Angélique: (französisch) Form von Angelika
Anika, Anica: (slawisch, bulgarisch) Formen von Anna
Anita: (spanisch) Form von Anna; Kurzform von Juanita
Anja: (russisch) Form von Anna
Anjuschka: (russisch) Koseform von Anja
Anka: (polnisch, ungarisch) Kurzform von Anna
Anke: (niederdeutsch) Kurz- und Koseform von Anna
Ann, Anne: (englisch) Formen von Anna
Anna: (hebräisch) huldvoll, gnädig; und deutsch: weibliche Form von Anno
Annabarbara: Doppelname aus Anna und Barbara
Annabell, Annabella: Doppelnamen aus Anna und Bella
Annalena: Doppelname aus Anna und Helene, Lena, Magdalene
Annalisa: Doppelname aus Anna und Lisa
Annamaria: Doppelname aus Anna und Maria
Annamira: Doppelname aus Anna und Mira
Annbritt: (schwedisch) Doppelname aus Anna und Brigitte

Anne, Änne: Nebenformen von Anna
Annedore: Doppelname aus Anne und Dora, Dorothea
Annegret: Doppelname aus Anne und Grete, Margarete
Anneheide: Doppelname aus Anne und Adelheid
Annekatrin: Doppelname aus Anne und Katharina
Annele: (süddeutsch) Koseform von Anna
Annelene: Doppelname aus Anne und Helene, Lene, Magdalene
Anneliese, Annelies: Doppelnamen aus Anne und Elisabeth, Liese, Luise
Annelore: Doppelname aus Anne und Eleonore, Lore
Annemarei: Nebenform von Annemarie
Annemarie: Doppelname aus Anne und Maria
Annemie: (rheinisch) Nebenform von Annemarie
Annerose: Doppelname aus Anne und Rosa
Annetraud, Annetraude: Doppelnamen aus Anne und Gertraude
Annette: (französisch) Form von Anna, Anne
Anni, Annie, Anny: Koseformen von Anna
Annice: (altenglisch) Nebenform von Anne
Annika: (schwedisch) Koseform von Anna
Annina: Weiterbildung von Anna
Annunziata: (italienisch) die Angekündigte
Anouk: (arabisch) fein und hübsch
Anselma: weibliche Form von Anselm
Ansgard: (germanisch, althochdeutsch) Gott und hüten, schützen
Anthea: (griechisch) die Blumige
Antje: (niederdeutsch) Koseform von Anna
Antoinette: (französisch) Koseform von Antonia

Antonella: (italienisch) Koseform von Antonia
Antonia, Antonie: weibliche Formen von Antonius
Anuschka: (slawisch) Koseform von Anna
Apollonia: weibliche Form von Apollonius
April: (englisch) mit dem Monatsnamen identisch
Arabella: Herkunft und Bedeutung unklar, evtl. schöne Araberin?
Aranka: (ungarisch) Form von Aurelia
Arantxa: (spanisch) Form von Aurelia
Areta, Aretha: (griechisch) die Vortreffliche
Ariadne: (griechisch) unklare Bedeutung, evtl. die Liebliche, Ehrwürdige
Ariane: (französisch) Form von Ariadne
Arietta: (italienisch) das Liedchen
Arista: (griechisch) weibliche Form von Aristides
Arlette, Arlett: (französisch) unklare Bedeutung
Armgard: Nebenform von Irmgard
Arnfriede: (althochdeutsch) mächtig und Frieden
Arntraut: (althochdeutsch) mächtig und wehrhaft
Asgard: Nebenform von Ansgard
Asja: (russisch) Kurzform von Anastasia
Aspasia: (griechisch) freudig, erwünscht, willkommen
Assunta: (italienisch) die in den Himmel Kommende
Asta: Kurzform von Astrid, Anastasia, Augusta
Astrid: (germanisch) Gottheit und schöne Reiterin
Athanasia: weibliche Form von Athanasius
Audrey: (altenglisch) edel und stark, mächtig
Augusta, Auguste: weibliche Formen von August
Aurelia, Aurelie: weibliche Form von Aurelius
Autica: (rumänisch) die Goldige

Aurora: (lateinisch) die Morgenröte
Ava: Herkunft und Bedeutung unklar, evtl. nordische Form von Eva?

B

Babett, Babette: (französisch) Kurz- und Koseformen von Barbara, Elisabeth
Balda: Kurzform von Namen mit Bald-
Baldegund, Baldegunde: (althochdeutsch) kühn und kämpfen
Balthilde: (althochdeutsch) kühn und kämpfen
Baltrun: (althochdeutsch) kühn und geheimnisvoll
Barb: Kurzform von Barbara
Barbara: (griechisch) fremd, barbarisch
Barbe: (französisch) Form von Barbara
Bärbel: Koseform von Barbara
Barbie: Koseform von Barbara
Barbro: (schwedisch) Form von Barbara
Bastienne: (französisch) weibliche Form von Bastien
Bathilde: (althochdeutsch) die Kämpferin
Bea: Kurzform von Beate
Beate, Beata: (lateinisch) glücklich, zufrieden

Beatrice: (italienisch) Form von Beatrix
Beatrix: (lateinisch) die Glücksbringerin
Becki, Becky: Kurz- oder Koseformen von Rebekka
Beke, Beka: (niederdeutsch) Koseform von Berta
Bele: Kurzform von Gabriele
Belinda: (englisch) unklare Bedeutung
Bella: (italienisch, spanisch) die Schöne; und Kurzform von Arabella, Isabella
Bendine: (friesisch) Kurzform von Bernhardine
Benedetta: (italienisch) Form von Benedikta
Benedikta, Benedikte: weibliche Form von Benedikt
Benigna: (lateinisch) die Gütige
Benita: (spanisch) Form von Benedikta
Berinike: (griechisch) die Siegbringende
Berit: (schwedisch) Nebenform von Birgit
Berlind, Berlinde: (althochdeutsch) Bär und Schild
Bernadette: (französisch) Koseform von Bernarde
Bernharde, Bernharda: weibliche Form von Bernhard
Bernhardine: Weiterbildung von Bernharde
Bernhild, Bernhilde: (althochdeutsch) Bär und kämpfen
Berta, Bertha: (althochdeutsch) die Glänzende; Kurzform von Namen mit Bert- oder -berta
Berte, Bertel: Neben- und Koseform von Berta
Berthild, Berthilde: (althochdeutsch) glänzend und Kampf
Bertina, Bertine: Kurzform von Albertina, Albertine
Bertrada: (althochdeutsch) glänzend und Beratung
Bertrun: (althochdeutsch) glänzend und geheimnisvoll
Beryl: (englisch) mit dem Mineral Beryll identisch
Bess, Bessy, Betsy: (englisch) Kurz- und Koseformen von Elizabeth

Beth, Bette, Betty: (englisch) Kurzformen von Elizabeth
Betti: Kurzform von Elisabeth
Bettina: Weiterbildung von Betti
Bianca, Bianka: (italienisch) die Weiße
Bibi: (nordisch) Kurzform von Brigitte
Bibiana, Bibiane: Herkunft und Bedeutung unklar, evtl. Nebenformen von Viviane?
Biddy: (englisch) Koseform von Brigitte
Billhild: (althochdeutsch) Schwert und Kampf
Bilke: (niederdeutsch) Kurzform von Sybille
Billa, Bille: Kurzformen von Sybille
Bina, Bine: Kurzformen von Sabina, Sabine
Bionda: (italienisch) die Blonde
Birgit, Birgitta: (schwedisch) Formen von Brigitte
Birke: mit dem Namen des Baumes identisch
Birte: (nordisch) Kurzform von Birgit
Blanca, Blanka: (spanisch) die Weiße
Blanche: (französisch) die Weiße
Blanda: (lateinisch) freundlich, reizend
Blandina, Blandine: Weiterbildungen von Blanda
Bogdana: (slawisch) weibliche Form von Bogdan
Bona: (lateinisch) die Gute
Bonifatia: weibliche Form von Bonifatius
Bonita: (spanisch) Nebenform von Bona
Bonnie, Bonny: (englisch) Weiterbildungen von Bona
Branka: (slawisch) weibliche Form von Branko
Brenda: (englisch) Nebenform von Bridget
Bride, Briddy: (englisch) Kurz- und Koseform von Bridget
Bridget, Bridgit: (englisch) Formen von Brigitte
Brig, Briga, Brigga: Kurzformen von Brigitte

Brigida: latinisierte Form von Bridget
Brigitta, Brigitte: (keltisch) die Erhabene, Hohe
Brit, Britt, Britta: Kurzformen von Birgit, Brigitta
Bronia: Kurzform von Bronislawa
Bronislava, Bronislawa: weibliche Form von Bronislaw
Bruna: Kurzform von Brunhilde
Brunhild, Brunhilde: (althochdeutsch) Harnisch und Kampf
Bruni: Koseform von Brunhild
Bruntje: (friesisch) Koseform von Brunhild
Burga: Kurzform von Namen mit Burg- und -burg
Burgel, Burgl: (bayrisch) Koseform von Namen mit Burg- und -burg
Burghild, Burghilde: (althochdeutsch) Burg und kämpfen

C

Cäcilie, Cäcilia: (lateinisch) aus der Sippe der Caecilier
Camilla: (lateinisch) weibliche Form von Camillus
Candice: (lateinisch) die Glühende
Candida: (lateinisch) die Hellglänzende, Weiße
Cara: (keltisch) freundlich, lieb
Caren: (schwedisch) Nebenform von Karin
Carina: (italienisch) schön, hübsch
Caritas, Charitas: (lateinisch) die Wohltätige
Carla: Nebenform von Karla
Carline: (englisch) Nebenform von Caroline
Carlota: (spanisch) Form von Charlotte
Carlotta: (italienisch) Form von Charlotte
Carmela: (spanisch) Weiterbildung von Carmen
X **Carmen:** (spanisch) Kürzung aus Virgen del Carmen, »Jungfrau vom Berge Karmel«
Carol: (englisch) Kurzform von Caroline
Carola: latinisiert von Karla

Carolina: Weiterbildung von Carola
X **Caroline, Carolyn:** (englisch) Formen von Karoline
Carry, Carrie: (englisch) Koseformen von Carol
Caterina: (italienisch) Form von Katharina
Cathérine: (französisch) Form von Katherina
Cathleen: (irisch) Form von Katharina
Cecily: (englisch) Form von Cäcilie
Céleste: (französisch) Form von Cölestine
Celestina: (italienisch) Form von Cölestine
Celia: Kurzform von Cäcilie
Céline: (französisch) Form von Cäcilie
Cella: Kurzform von Marcella
Chantal: (französisch) der Gesang
Charis: (griechisch) die Anmutige, Liebreizende
Charity: (englisch) Form von Charitas
Charlene: (englisch) Kurzform von Charlotte
Charlotte: (französisch) weibliche Form von Charles
Cheryl: (englisch) weibliche Form von Charles
Chiara: (italienisch) Form von Klara
Chloe: (griechisch) das frische Grün
Chris, Chrissy: (englisch) Kurz- und Koseform von Christabel, Christiana
Christa: Kurzform von Christiane
Christabel: (lateinisch, englisch) Christin und schön
Christamaria: Doppelname aus Christa und Maria
Christel, Christl: (oberdeutsch) Koseformen von Christa, Christiane
Christhild: pietistische Neubildung
Christiana, Christiane: weibliche Formen von Christian
Christina, Christine: Nebenformen von Christiana, Christiane

Chrysantha: (griechisch) weibliche Form von Chrysanthus
Cilia, Cilly: (englisch) Kurzformen von Cecily
Cilla, Cilli: Kurzformen von Cäcilia
Cinderella: (englisch) entspricht der Märchenfigur Aschenputtel
Cindy: (englisch) Kurzform von Cinderella
Cinzia: (italienisch) Form von Cynthia
Cissi, Cissy: Kurz- und Koseformen von Cäcilie, Cecily
Cita: (italienisch) hurtig, schnell
Claartje: (friesisch, niederländisch) Form von Klara
Claire: (französisch) Form von Klara
Clara: Nebenform von Klara
Cläre: eingedeutschte Form von Claire
Clarinda: (englisch) Neubildung von Clara
Clarissa: Nebenform von Klarissa
Claude: (französisch) Form von Claudia
Claudette: (französisch) Koseform von Claude
Claudia: weibliche Form von Claudius
Claudine: Weiterbildung von Claudia
Clelia: (lateinisch) aus der Sippe der Cloelier
Clementia: (lateinisch) mild und gnädig
Clementina, Clementine: Weiterbildungen von Clementia
Clio: (griechisch) rühmen, preisen
Clivia: (lateinisch) mit der Amaryllispflanze identisch
Clothilde: Nebenform von Klothilde
Cölestine: (lateinisch) die Himmlische
Coletta: (italienisch) Kurzform von Nicoletta
Colette: (französisch) Kurzform von Nicolette
Concepión: (spanisch) die Empfangende
Concetta: (italienisch) die Empfangene

Concha, Conchita: (spanisch) Kurzformen von Concepión
Conni, Conny: Kurzformen von Cornelia
Connie, Conny: (englisch) Kurzformen von Constance
Constanze: Nebenform von Konstanze
Consuela: (spanisch) die Trösterin
Cora: (griechisch) Jungfrau, Mädchen und Kurzform von Cornelia, Cordelia und Cordula
Cordelia: Nebenform von Cordula
Cordula: (lateinisch) das Herzchen
Coretta, Corette: (englisch) Nebenformen von Corinna, Corinne
Corinna, Corinne: Weiterbildungen von Cora
Cornelia: weibliche Form von Cornelius
Cornélie: (französisch) Form von Cornelia
Cornell: Kurzform von Cornelia
Corny, Corrie, Corry: (englisch) Kurzformen von Cornelia
Corona: (lateinisch) die Bekränzte, Strahlende
Cosima: (griechisch) ordentlich und sittsam
Crescentia: (lateinisch) die Erblühende, Wachsende
Cynthia: (griechisch) vom Berge Kynthos kommend
Cyra: Nebenform von Kyra

D

Dagmar: (dänisch) Umbildung von böhmisch Dragomira
Dagny: (nordisch) der neue Tag
Daisy: (englisch) das Gänseblümchen
Dalilah, Delilah: (hebräisch) mit wallendem Haar
Damaris: (griechisch) Gattin, Ehefrau
Dana: (slawisch) Kurzform von Bogdana
Dania, Danja: Kurzformen von Daniela
Daniela, Daniella: (italienisch) weibliche Form von Daniel
Danielle: (französisch) Form von Daniela
Danuta: (slawisch) unklare Bedeutung, evtl. Weiterbildung von Dana, Bogdana?
Dany: (französisch) Koseform von Danielle
Daphne: (griechisch) der Lorbeer
Daria: (persisch) weibliche Form von Darius
Darja: (russisch) Kurzform von Dorofeja
Davida: weibliche Form von David
Davina: (schottisch) Form von David

Dawn: (englisch) die Morgenröte
Debbie: (englisch) Kurzform von Deborah
Debora, Deborah: (hebräisch) arbeitsam, fleißig; Name aus der Bibel
Deike: (friesisch) Bedeutung unklar
Deirdre: (altirisch) die Schönste; Sagengestalt
Dela, Dele: Kurzformen von Adele
Delia: (griechisch) von Delos stammend
Della: (englisch) Kurzform von Delia
Denise: (französisch) weibliche Form von Denis
Desideria: (lateinisch) die Erwünschte
Désirée: (französisch) Form von Desideria
Deta, Dieta, Ditte: Kurzformen von Namen mit Diet-
Diana, Diane: (lateinisch) römische Göttin der Jagd
Dido: (phönizisch, griechisch) Göttin des Mondes
Dietberga, Dietburga: (althochdeutsch) Volk und Zuflucht, schützen
Diethild, Diethilde: (althochdeutsch) Volk und kämpfen
Dietlind, Dietlinde: (althochdeutsch) Volk und Schild, Schutz
Dietmut, Dietmute: (althochdeutsch) Volk und sinnlich, geistvoll
Dietrun: (althochdeutsch) Volk und geheimnisvoll, Beratung
Dilia: Kurzform von Odilie
Dina: Kurzform von Namen mit Endung auf -dina, tina
Dinah: (hebräisch) die Richterin
Diona, Dionne: (griechisch, englisch) Name aus der griechischen Sage
Diotima: (griechisch) dem Gott Geweihte
Dixie: (amerikanisch) Bedeutung unklar
Dolly: (englisch) Kurzform von Dorothy

Dolores: (spanisch) Kürzung aus »Nuestra Senora de los Dolores (schmerzensreiche Mutter)«
Domenica: (italienisch) Form von Dominika
Dominika: (lateinisch) die zum Herrn Gehörende
Dominique: (französisch) Form von Dominika
Donata: (lateinisch) die Geschenkte
Donatella: (italienisch) Form von Donata
Donna: (italienisch, spanisch) die Herrin
Dora, Dore: Kurzformen von Dorothea, Theodora
Doreen: (englisch) Kurzform von Dorothy
Dorette: (französisch) Koseform von Dorothée
Dorina: Weiterbildung von Dora
Doris: Kurzform von Dorothea, Theodora
Dorit, Doritt: Kurzformen von Dorothea
Dorle: Koseform von Dora
Doro: Kurzform von Dorothea
Dorofeja: (russisch) Form von Dorothea
Dorothea: (griechisch) das Gottesgeschenk
Dorothée: (französisch) Form von Dorothea
Dorothy: (englisch) Form von Dorothea
Dorte, Dorthe, Dörte, Dörthe: (niederdeutsch) Kurzformen von Dorothea
Dory, Dotty: (englisch) Koseformen von Dorothy
Dragica: (slawisch) Form von Dragan
Dunja: (slawisch) Kurzform von griechisch Eudokia

E

Ebba: Kurzform von Namen mit Eber-
Ebergard: (althochdeutsch) Eber und Hort, Schutz
Ebergund, Ebergunde: (althochdeutsch) Eber und kämpfen
Eberharde: weibliche Form von Eberhard
Erberhardine: Weiterbildung von Eberharde
Eberhild: (althochdeutsch) Eber und Kampf
Eberta: Kurzform von Eberharde
Ebertine: Weiterbildung von von Eberta
Edda: Kurzform von Namen mit Ed-
Edel: Kurzform von Namen mit Edel-
Edelberta: Nebenform von für Adalberta
Edelburg, Edelburga: Nebenformen für Adalburga
Edelgard: Nebenform für Adalgard
Edeltraud, Edeltrud: Nebenformen für Adeltraud
Edina: (altenglisch) die Glückliche
Edith: (altenglisch) glücklich, reich und Kampf
Editha: latinisierte Form von Edith

Edna: (hebräisch) Bedeutung unklar
Edwige: (französisch) Form von Hedwig
Edwina, Edwine: weibliche Formen von Edwin
Effi, Elfe, Elfi: Kurzformen von Elfriede
Egberta: weibliche Form von Egbert
Egbertine: Weiterbildung von Egberta
Ehrengard: Neubildung, Bedeutung unklar
Ehrentraud: Neubildung, Bedeutung unklar
Eike: (niederdeutsch) Kurzform von Namen mit Eg-
Eileen: (englisch) Nebenform von Helen oder Eleanor
Eilika: weibliche Form von Eiliko
Ela: Kurzform von Elisabeth, Michaela
Elaine: (englisch) Nebenform von Helen oder Eleanor
Eleanor: (englisch) Form von Eleonore
Elektra: (griechisch) die Strahlende
Elena: (italienisch) Form von Helene
Eleni: (griechisch) Form von Helene
Eleonore, Eleonora: (arabisch) Gott ist mein Licht
Elfgard: Neubildung von Namen mit Elf- und -gard
Elfriede: Herkunft und Bedeutung unklar, evtl. althochdeutsch Naturgeist und Schutz, Friede?, oder weibliche Form von Alfred?
Elfrun: Nebenform zu Albrun
Elga: (nordisch) Nebenform von Helga
Eliane: (französisch) weibliche Form von Elias
Eliette: (französisch) Kurzform von Eliane
Elin: (schwedisch) Form von Helene
Elisa, Elise: Kurzformen von Elisabeth
Elisabeth: (hebräisch) Gott ist vollkommen; Name aus der Bibel

Elisabetta: (italienisch) Form von Elisabeth
Eliza: (englisch) Kurzform von Elizabeth
Elizabeth: (englisch) Form von Elisabeth
Elke: (friesisch) Koseform von Adelheid
Ella, Elli, Elly: Kurz- und Koseformen von Elfriede, Eleonore oder Elisabeth
Ellice: (englisch) weibliche Form zu Elias
Ellen: (englisch) Kurzform von Helene und Eleanor
Ellinor: (englisch) Form von Eleonore
Elmira: (arabisch, spanisch) die Fürstin
Elsa, Else, Elsi: Kurz- und Koseformen von Elisabeth
Elsabe, Elsbe, Elsbeth: Kurzformen von Elisabeth
Elseke, Elske: (niederdeutsch) Kurz- und Koseform von Elisabeth
Elsie, Elsy: (englisch) Kurzformen von Elizabeth
Elvira: (gotisch, spanisch) unklare Bedeutung, evtl. vornehm, edel und abwehren?
Emanuela: weibliche Form von Emanuel
Emerentia, Emerenz: (lateinisch) die Würdige
Emilia, Emilie: weibliche Formen von Emil
Emily: (englisch) Form von Emilie
Emma: Kurzform von Namen mit Erm- oder Irm-
Emmeline: Weiterbildung von Emma
Emmi, Emmy: Koseformen von Emma
Emmylou: (englisch) Doppelname aus Emily und Louise
Ena: Kurzform von Helena
Engelberta: weibliche Form von Engelbert
Engelburga: (germanisch, althochdeutsch) aus dem Stamm der Angeln und Schutz
Enid: (keltisch) Geist

Enrica: (italienisch) weibliche Form von Enrico
Enya: (irisch) Bedeutung unklar
Erdmute, Erdmuthe: pietistische Neubildung, weibliche Form von Erdmann
Erika: weibliche Form von Erik, Erich
Erkengard: (althochdeutsch) echt, edel und Hort, Schutz
Erkenhild: (althochdeutsch) echt, edel und Kampf
Erkentrud, Erkentraud: (althochdeutsch) echt, edel und kräftig, stark
Erla, Erle: Kurzform von Namen mit Erl-
Erlfriede: (althochdeutsch) frei, edel und Friede, Schutz
Erlwine: (althochdeutsch) frei, edel und Freundin
Erma: Nebenform von Irma
Ermengard, Ermgard: Nebenformen von Irmgard
Ermenhild: Nebenform von Irmhild
Ermentraud, Ermtrud: Nebenformen von Irmtraud
Ermlinde: Nebenform von Irmlinde
Erna: Kurzform von Namen mit Arn- oder Ern-
Ernesta: weibliche Form von Ernst
Ernestine: Weiterbildung von Ernesta
Ernfriede: Nebenform von Arnfriede
Erwine: weibliche Form von Erwin
Erzsébet: (ungarisch) Form von Elisabeth
Esmeralda: (spanisch) Edelstein, Smaragd
Estella: alte Form von Estrella
Esther: (persisch) der Stern; aus der Bibel
Estrella: (spanisch) Stern
Ethel: (englisch) Kurzform von Namen mit Ethel-
Ethelgard: (englisch) Form Edelgard

Etta: Kurzform von Henrietta, Marietta und Nebenform von Edda
Eugenie, Eugenia: weibliche Formen von Eugen
Eulalia, Eulalie: (griechisch) beredt, wohlredend
Euphemia: (griechisch) glücksverheißend
Euphrosyne: (griechisch) heiter und fröhlich
Eusebia: (griechisch) fromm und gottesfürchtig
Ev: Kurzform von Eva
Eva: (hebräisch) die Lebenspendende
Eve, Ève: (englisch, französisch) Form von Eva
Eveline, Evelyn: (englisch) Weiterbildungen von Eva
Evamaria: Doppelname aus Eva und Maria
Everose: Doppelname aus Eva und Rosa
Evi: Koseform von Eva
Evita: (spanisch) Koseform von Eva

F

Fabia: (lateinisch) aus der Sippe der Fabier
Fabiane, Fabiola: Weiterbildungen von Fabia
Faith: (englisch) tugendhaft, treu
Fanni: Kurzform von Franziska und Stephanie
Fanny: (englisch) Kurzform von Frances
Farah: (arabisch) Freude, Lust
Fahrhild, Ferhild: (althochdeutsch) fahren, reisen und kämpfen
Faralda: Nebenform von Fahrhild
Fatima: (arabisch) unklare Bedeutung
Fausta, Faustina: (lateinisch) die Glückbringende
Faye: (englisch) Nebenform von Faith
Fedora: Nebenform von Feodora
Fee, Feli: Kurz- und Koseform von Felizitas
Felizia, Felicia: weibliche Formen von Felix
Felizitas, Felicitas: (lateinisch) fruchtbar und glückselig
Feodora: (russisch) Form von Theodora

Feodosia: (russisch) weibliche Form von Theodosius
Ferdinande: weibliche Form von Ferdinand
Fidelia, Fidelis: (lateinisch) Treue
Fides: (lateinisch) Glaube
Fieke: (niedeutsch) Kurzform von Sophie
Fiene, Fina: (niederdeutsch) Kurzformen von Josefine
Fiona: (gälisch) die Schöne
Fita: Kurzform von Friederike
Fioretta: (italienisch) Koseform von Flora
Flavia: (lateinisch) die Blonde; aus der Sippe der Flavier
Fleur: (französisch) Form von Flora
Fleurette: (französisch) Koseform von Fleur
Flora: (lateinisch) die blühende Blume
Florentine: weibliche Form zu Florentin
Florenze: weibliche Form zu Florens
Florence: (englisch, französisch) Form von Florenze
Floriane: weibliche Form zu Florian
Folke: (friesisch) Kurzform von Namen mit Volk-
Fortunata: (lateinisch) die Beglückte, Glückliche
Frances: (englisch) Form von Franziska
Francesca: (italienisch) Form von Franziska
Francoise: (französisch) Form von Franziska
Franka: weibliche Form von Frank
Franzi, Fränze: Koseformen von Franziska
Franzine, Francine: weibliche Formen zu Franz
Franziska: weibliche Form von Franziskus
Frauke: (niederdeutsch, friesisch) kleine Frau, Frauchen
Fredegund: Nebenform von Friedegund
Freia, Freya: (nordisch) Herrin, Frau; altnordische Göttin
Fricka, Frigga: (nordisch) Kurzformen von Friederike

Frieda, Frida: Kurzformen von Namen mit Fried- oder -friede
Friedegund, Friedegunde: (althochdeutsch) Friede, Schutz und kämpfen
Friedel: Koseform von Namen mit Fried- oder -friede
Friedelind, Friedelinde: (althochdeutsch) Friede, Schutz und Schild
Friederike: weibliche Form von Friedrich
Friedhild, Friedhilde: (althochdeutsch) Friede, Schutz und kämpfen
Friedrun, Friederun: (althochdeutsch) Friede, Schutz und Geheimnis, Beratung
Fritzi, Frizzi: Koseformen von Friederike
Frodegard, Frogard: (althochdeutsch) klug, weise und Schutz
Frodehild, Frohild: (althochdeutsch) klug, weise und Kampf
Fromut: (althochdeutsch) klug, weise und Geist, sinnlich
Frodewine: (althochdeutsch) klug, weise und Freundin
Fulberta: Nebenform von Volkberta

G

Gabi, Gaby: Kurzformen von Gabriele
Gabriela, Gabriele: (hebräisch) weibliche Form von Gabriel
Gail: (altenglisch) fröhlich, lebhaft
Garda, Gardi, Gardy: Kurz- und Koseformen von Gerharde
Geba, Gebba: Kurzformen von Gebharde
Gebharde: weibliche Form von Gebhard
Geelke: (friesisch) Koseform von Gela
Geerta, Geerte, Geertje: (niederdeutsch) Kurz- und Koseformen von Gertrud
Gela, Geli: Kurz- und Koseform von Angela, Angelika
Gemma: (lateinisch) Edelstein, Kleinod
Geneviève: (französisch) Form von Genoveva
Genia: Kurzform von Eugenia
Genoveva: (altdeutsch) unklare Bedeutung
Georgette: (französisch) Koseform von Georgine
Georgia: weibliche Form von Georg

Georgina, Georgine: (englisch, französisch) Weiterbildungen von Georgia
Geralde, Geraldine: weibliche Formen von Gerald
Gerborg, Gerburg: (althochdeutsch) Speer und Schutz, Sicherheit
Gerda: (nordisch) beschützen, behüten; Kurzform von Gertrud
Gerharde, Gerhardine: weibliche Formen von Gerhard
Gerhild, Gerhilde: (althochdeutsch) Speer und kämpfen
Gerit, Gerrit: (friesisch) Kurzformen von Gerharde
Gerke: (niederdeutsch, friesisch) Kurzform von Gertrud
Gerlind, Gerlinde, Gerlindis: (althochdeutsch) Speer und Schild, Schutz
Gerta, Gerti: Kurz- und Koseform von Gertrud
Gertraud, Gertraut: Nebenformen von Gertrud
Gertrud, Gertrude: (althochdeutsch) Speer und stark, kräftig
Gerwine: (althochdeutsch) Speer und Freundin
Gesa, Gese: (niederdeutsch) Kurzformen von Gertrud
Gesche: (friesisch) Nebenform von Gesa, Gese
Gesina, Gesine: Weiterbildungen von Gesa
Gila: Kurzform von Gisela
Gilda: (italienisch) unklare Bedeutung
Gillian: (englisch) Form von Juliane
Gina, Gine: Kurzformen von Regina, Regine
Giovanna: (italienisch) Form von Johanna
Gisa: Kurzform von Namen mit Gis-
Gisberta: weibliche Form von Gisbert
Gisela: (altdeutsch) unklare Bedeutung, evtl. Kurzform von Namen mit Gis-?

Giselberga, Giselburga: (althochdeutsch) Geisel, Pfand und Schutz, Zuflucht
Giselberta: weibliche Form von Giselbert
Gieselinde, Gislind: (althochdeutsch) Geisel, Pfand und Schild
Gitta, Gitte: Kurzformen von Brigitta, Brigitte
Giulietta: (italienisch) Form von Julia
Gladys: (walisisch, englisch) unklare Bedeutung, evtl. weibliche Form von Claudius?
Glenda: (walisisch, englisch) weibliche Form zu Glenn
Gloria: (lateinisch) Ehre, Ruhm
Goda: Kurzform von Namen mit God-
Godelinde: (althochdeutsch) Gott und Schild
Godolewa: (niederdeutsch) weibliche Form von Gottlieb
Golda: (hebräisch, jiddisch) die Goldene
Göntje: (friesisch) Koseform von Gunda
Grace: (englisch) Form von Gratia
Gracia: (spanisch) Form von Gratia
Gratia, Grazia: (lateinisch) anmutig, graziös
Graziella: (italienisch) Weiterbildung von Grazia
Greet, Greetje: (niederdeutsch) Kurz- und Koseform von Margarethe
Greta: (schwedisch) Kurzform von Margaretha
Gretchen, Gretel: Koseformen von Grete
Grete, Grethe: Kurzformen von Margarethe
Griet: (rheinisch) Kurzform von Grete, Margarethe
Grietje: (friesisch) Koseform von Grete
Griselda, Griseldis: (italienisch) Bedeutung unklar; Sagengestalt
Grit, Grita, Gritt, Gritta: Kurzformen von Margarethe

Gritli: (schweizerisch) Koseform von Grete
Grusche: (russisch) Form von Grete
Gruschenka: (russisch) Koseform von Grusche
Guda: (altdeutsch) Kurzform von Namen mit Gud-
Gudrun: (althochdeutsch) kämpfen und geheimnisvoll, Beratung
Gudula: Weiterbildung von Guda
Guglielma: (italienisch) Form von Wilhelma
Gun, Gunn: (nordisch) Kurzform von Namen mit Gun-
Gunda, Gunde, Gundel: Kurz- und Koseformen von Namen mit Gund- oder -gunde
Gundela, Gundula: Weiterbildungen von Gunda
Gundhild, Gunthilde: (althochdeutsch) Kampf und kämpfen
Gunhild: (nordisch) Form von Gundhild
Guntberta: weibliche Form von Guntbert
Guntlinde: (althochdeutsch) Kampf und Schild
Guntrada, Guntrade: (althochdeutsch) Kampf und Rat, Beratung
Guste, Gustel, Gusti: Kurz- und Koseformen von Auguste
Gwen, Gwenda: (englisch) Kurzformen von Gwendolin
Gwendolin, Gwendolyn: (keltisch, englisch) unklare Bedeutung, evtl. die Weiße?

H

Hadburga, Hadeburg: (althochdeutsch) kämpfen und schützen

Hadelind, Hadelinde: (althochdeutsch) kämpfen und Schild

Hadmut, Hadmute: (althochdeutsch) kämpfen und Sinn, Geist

Hadwig: frühere Form von Hedwig

Hanna, Hanne: Kurz- und Nebenform von Johanna

Hannah: (hebräisch) anmutig

Hannedore: Doppelname aus Hanne (Johanna) und Dore (Dorothea)

Hannelore: Doppelname aus Hanne (Johanna) und Lore (Eleonore)

Hannerose: Doppelname aus Hanne (Johanna) und Rose

Hansi: Koseform von Hanna (Johanna)

Harriet: (englisch) Form von Henriette

Hazel: (englisch) Haselnußstrauch

Heather: (englisch) Heiderose

Hedda, Heddy: (nordisch) Kurzformen von Hedwig
Hede, Hedi, Hedy: Kurz- und Koseformen von Hedwig
Hedwig: (althochdeutsch) Kampf und Krieg
Heide, Heidi: Kurz- und Koseform von Adelheid
Heidelinde: Doppelname aus Heide und Linda
Heidelore: Doppelname aus Heide und Lore
Heidemarie: Doppelname aus Heide und Marie
Heiderose: Doppelname aus Heide und Rosa
Heidrun: (althochdeutsch) Zauber und Geheimnis
Heike, Haike: (norddeutsch) Kurzformen von Heinrike, Henrike
Heila: Kurzform von Namen mit Heil-
Heilgard: (althochdeutsch) heil, gesund und Schutz
Heilke: (friesisch) Kurzform von Namen mit Heil-
Heilwig: (althochdeutsch) heil, gesund und Krieg, Kampf
Heima: (altdeutsch) Haus, häuslich
Heimke: (niederdeutsch) Koseform von Heima
Heinke: (niederdeutsch) Kurzform von Heinrike
Heinrike: Nebenform von Henrike
Hela, Hella: Nebenformen von Helga
Helen: (englisch) Form von Helene
Helene, Helena: (griechisch) unklare Bedeutung, evtl. die Sonnige?
Hélène: (französisch) Form von Helene
Helga: (nordisch) geweiht, heilig
Helgard: Nebenform von Heilgard
Helge: Nebenform von Helga
Helke: (niederdeutsch) Form von Heilke
Helma, Helmke, Hilma: Kurzformen von Namen mit Helm- oder -helma

Helmburg: (althochdeutsch) Helm und Schutz, Sicherheit
Helmine, Helmina: Kurzform von Wilhelmine
Helmtraud, Helmtrud: (althochdeutsch) Helm und stark, kräftig
Héloise: (französisch) Bedeutung unklar
Helwig: Nebenform von Heilwig
Hemma: Koseform von Helma
Hendrikje: (niederländisch) Koseform von Henrike
Henni, Henny: Kurzformen von Henrike
Henriette: (französisch) weibliche Form von Henri (Heinrich)
Henrike: weibliche Form von Henrik
Herberta: weibliche Form von Herbert
Herdi, Herdis: (friesisch) Kurz- und Koseform von Namen mit Her-
Herlinde: (althochdeutsch) Heer und Schild
Herma: Kurzform von Hermine
Hermine: weibliche Form von Hermann
Hermióne: (griechisch) weibliche Form zu Hermes (Gott)
Herta, Hertha: (althochdeutsch) kühn und stark
Hertwiga: weibliche Form von Hertwig
Herwiga: weibliche Form von Herwig
Hester: (englisch) Form von Esther
Hetti, Hetty: Kurz- und Koseformen von Hedwig
Hilda, Hilde: Kurzformen von Namen mit Hilde- oder -hilde
Hildeberta: weibliche Form von Hildebert
Hildegard: (althochdeutsch) Kampf und Schutz
Hildegund, Hildegunde: (althochdeutsch) Kampf
Hilderun, Hildrun: (althochdeutsch) Kampf und Geheimnis, Beratung

Hilke, Hilla: Kurzformen von Namen mit Hilde- oder -hilde
Hiltraud, Hiltrud: (althochdeutsch) Kampf und kräftig, stark
Hjördis: (altisländisch) Schwert und Göttin
Holda: Nebenform von Hulda
Holdine: Weiterbildung von Holda
Holly: (englisch) frei, glücklich
Hope: (englisch) die Hoffnung
Hortense: (französisch) Form von Hortensia
Hortensia: (lateinisch) aus der Sippe der Hortensier
Hroswitha: frühere Schreibform von Roswitha
Huberta: weibliche Form von Hubert
Hulda: (althochdeutsch) hold, gnädig, und evtl. mit »Frau Holle« identisch

I

Ibke: (dänisch) weibliche Form von Ib (Jakob)
Ida: Kurzform von althochdeutsch Idaberga und Iduberga
Iduna: (altnordisch) die Verjüngende, Göttin der ewigen Jugend
Ignatia: (lateinisch) weibliche Form von Ignatius
Ignazia: eingedeutschte Form von Ignatia
Iken: (niederländisch) Koseform von Ida
Ildiko: (ungarisch) Form von Hildchen
Ileana: (rumänisch) Form von Helene
Ilga: (altdeutsch) Name einer Heiligen, evtl. Neben- und Kurzform von Hilga oder Helga
Iliane: (niederländisch) Form von Juliane
Iljana: (slawisch) weibliche Form von Ilja
Ilka: Kurzform von Ilona
Ilona: (ungarisch) Form von Helene
Ilonka: (ungarisch) Koseform von Ilona
Ilsabe: Kurzform von Elisabeth

Ilse, Ilsa: Kurzformen von Elisabeth
Ilsebill: Nebenform von Elisabeth, Sybille und Isabell
Ilsedore: Doppelname aus Ilse und Dorothea
Ilsegret: Doppelname aus Ilse und Margarethe (Grete)
Ilselotte: Doppelname aus Ilse und Charlotte
Ilsemaria: Doppelname aus Ilse und Maria
Ilsetraud, Ilsetrude: Doppelnamen aus Ilse und Gertraud
Ilske: (niederdeutsch) Koseform von Ilse
Ilva, Ilvy: Nebenformen von Ylva
Imela, Imelda: Kurzformen von Irmhild
Imka, Imke: (friesisch) Koseformen von Irmhild und Irmtraud
Imma, Imme: Kurzformen von Namen mit Irm-
Imogen: (englisch) unklare Bedeutung
Ina, Ine: Kurzformen von Namen mit -ina und -ine
Indira: (indisch) auf Gott Indra zurückgehend
Ineke: (niederdeutsch) Koseform von Ina und Ine
Inés: (spanisch) Form von Agnes
Inessa: Weiterbildung von Inés
X**Inga, Inge, Ingi:** Kurz- und Koseformen von Namen mit Ing-
Ingalisa: (schwedisch) Doppelname aus Inga und Lisa
Ingeborg, Ingeburg: (nordisch) behüten, helfen und schützen
Ingela: Koseform von Inge und Ingeborg
Ingelore: Doppelname aus Inge und Lore
Ingelotte: Doppelname aus Inge und Lotte
Ingemarie: Doppelname aus Inge und Maria
Inger: (skandinavisch) Koseform von Inge und Ingeborg
Ingerose: Doppelname aus Inge und Rosa
Ingetraud, Ingetrud: Doppelnamen aus Inge und Traude, Trude

Inghild: (nordisch) Name eines Gottes und Kampf
Ingrid: (nordisch) Name eines Gottes und schön
Ingrun: (nordisch) Name eines Gottes und geheimnisvoll
Inka, Inken: (friesisch) Kurz- oder Koseformen von Namen mit Ing- und Inge-
Innocentia, Innozentia: (lateinisch) die Unschuldige
Insa, Inse: (friesisch) Kurzformen von Namen mit Ing-
Iolanthe: (griechisch) das Veilchen
Iphigenie: (griechisch) Gestalt aus der Ilias
Ira, Ireen: Kurzformen von Irene oder Irina
Irene: (griechisch) Name der Friedensgöttin
Irina: (slawisch) Form von Irene
Iris: (griechisch) Name der Götterbotin und Name einer Blume
Irma: Kurzform von Namen mit Irm-
Irmberga, Irminberga: (germanisch, althochdeutsch) Stammesname und groß, Schutz, Sicherheit
Irmela: Koseform von Irma
Irmgard, Irmingard: (germanisch, althochdeutsch) Stammesname und groß, behüten
Irmhild, Irminhild: (germanisch, althochdeutsch) Stammesname und groß, kämpfen
Irmtraud, Irmtrud: (germanisch, althochdeutsch) Stammesname und groß, Kraft, Stärke
Isa, Ise: Kurzformen von Isabella, Isolde und Luise
Isabel: (spanisch) Form von Elisabeth
Isabella, Isabelle: (italienisch, französisch) Formen von Isabel
Isadora: Weiterbildung von Isidora und Doppelname aus Isa und Dora

Isberga, Isburga: (althochdeutsch) eisern und Schutz, Sicherheit
Isgard: (althochdeutsch) eisern und Schutz, behüten
Ishilde: (althochdeutsch) eisern und kämpfen
Isidora: weibliche Form von Isidor
Isis: (ägyptisch) Name einer Göttin
Iska: (niederdeutsch) Koseform von Isa, Isabel
Ismene: (griechisch) Sagengestalt, Tochter des Ödipus
Ismunde: (althochdeutsch) eisern und beschützen
Isolde: Herkunft und Bedeutung unklar, evtl. keltisch
Isrun: (althochdeutsch) eisern und geheimnisvoll
Istraud, Istrud: (althochdeutsch) eisern und stark, kräftig
Ita, Itha, Itta: Nebenformen von Ida und Kurzformen von Judith oder Jutta
Ivana, Ivanka, Iwana, Iwanka: (russisch) Formen von Iwan
Ivette: (französisch) Nebenform von Yvette
Ivonne: (französisch) Nebenform von Yvonne
Ivy: (englisch) Pflanzenname (Efeu)

J

Jacintha, Jacinthe: (griechisch) die Hyazinthe
Jacky: (englisch) Koseform von Jacqueline
Jaclyn: (englisch) Kurzform von Jacqueline
Jacqueline: (französisch) weibliche Form von Jacques
Jadwiga: (polnisch) Form von Hedwig
Jakoba, Jakobine: weibliche Form und Weiterbildung von Jakob
Jana, Janna: (slawisch) weibliche Formen von Jan
Jane: (englisch) Form von Johanna und deutsche Kurzform von Namen mit -iane (Christiane)
Janet: (englisch) Koseform von Jane
Janice: (englisch) Verkleinerungsform von Jane
Janika, Janina: (polnisch) Koseformen von Jana
Janine: eingedeutschte Form von Jeannine
✗ **Janis:** (englisch) Nebenform von Janice
Janka: (slawisch, ungarisch) Koseform von Jana und Form von Johanna

Jannette: eingedeutschte Form von Jeannette
Jantje: (niederdeutsch) Weiterbildung von Jana
Jara, Jarka: (slawisch) Kurz- und Koseform von Jarmila
Jarla: (schwedisch) weibliche Form von Jarl
Jarmila: (tschechisch) weibliche Form von Jarmil, stark, heftig und friedlich, lieb
Jasmin: (persisch) Name eines Zierstrauches
Jean: (englisch) Form von Johanna
Jeanne: (französisch) Form von Johanna
Jeannette, Jeannine: (französisch) Koseformen von Jeanne
Jekatharina: (russisch) Form von Katharina
Jelena: (slawisch) Form von Helena
Jelenka: (slawisch) Koseform von Jelena
Jelisaweta: (russisch) Form von Elisabeth
Jelka: (ungarisch) Koseform von Ilona
Jella: (friesisch) unklare Bedeutung
Jenni, Jenny: Kurz- und Koseformen von Johanna und Jennifer
Jennifer: (keltisch, englisch) Gestalt aus der Artussage
Jessica: (hebräisch, englisch) Gott sieht an
Jette: Kurzform von Henriette
Jezabel: (hebräisch) Form von Isabel
Jill: (englisch) Kurzform von Gillian
Jillian: (englisch) Nebenform von Gillian
Jo: Kurzform von Namen mit Jo-
Joan: (englisch) Form von Johanna
Joceline: (französisch) unklare Bedeutung
X**Johanna:** (hebräisch) weibliche Form von Johannes
Jolanthe: (griechisch) Veilchenblüte
Jördis: (nordisch) Nebenform von Hjördis

Jorinde: (niederdeutsch) Gestalt aus Grimm's Märchen

Josefa, Josepha: (hebräisch) weibliche Formen von Joseph

Josefine, Josephine: Weiterbildungen von Josefa, Josepha

Joseline: (französisch) frühere Form von Joceline

Josette: (französisch) Kurzform von Joséfine

Josi: Koseform von Josephine

Josiane: (französisch) Koseform von Joséfina

Jovanka: (slawisch) Koseform von Johanna

Joy: (englisch) die Freude

Joyce: (englisch) Weiterbildung von Joy

Juana: (spanisch) Form von Johanna

Juanita: (spanisch) Koseform von Juana

Judica, Judika: (lateinisch) richten und Fastensonntag

Judith: (hebräisch) Frau aus Jehud (Juda)

Judy: (englisch) Kurzform von Judith

Jula, Jule: Kurzformen von Julia

Julia: (lateinisch) weibliche Form von Julius

Juliana, Juliane: Weiterbildungen von Julia

Julie: Nebenform von Julia

Julienne: (französisch) Form von Juliana

Juliet: (englisch) Form von Julia

Juliette: (französisch) Koseform von Julie

Julischka: (ungarisch) Koseform von Julia

June: (lateinisch, englisch) Ableitung vom Monat Juni

Justina, Justine: (lateinisch) weibliche Form von Justinus

Jutta, Jutte: Kurz- und Koseformen von Judith

Jytte: (skandinavisch) Form von Jutta, Judith

K

Kai, Kaj, Kay: (nordisch) Kurzformen von Katharina
Kaja: Weiterbildung von Kaj
Kajetana: weibliche Form von Kajetan
Kamilla: (lateinisch) Altardienerin
Kandida: (lateinisch) glänzend und rein
Kara: (englisch) Kurzform von Katharina
Kareen: (englisch) Nebenform von Karen, Karin
Karen: (nordisch) Nebenform von Karin
Karin: (nordisch) Kurzform von Katharina
Karina: Weiterbildung von Karin
Karla: weibliche Form von Karl
Karline: Weiterbildung von Karla
Karlinka: Koseform von Karline
Karola: latinisierte Form von Karla
Karolina, Karoline: Weiterbildungen von Karolin
Karsta: (niederdeutsch) Form von Christa
Karstine: (niederdeutsch) Form von Christine

Kassandra: (griechisch) Gestalt aus der Ilias
Kate, Kathe: (englisch) Kurzformen von Katherine
Katerina: Nebenform von Katharina
Käte, Käthe: Kurzformen von Katharina
Katharina: (altgriechisch) die Reine
Katharine: Nebenform von Katharina
Käthchen: Koseform von Käthe
Katherine: (englisch) Form von Katharina
Kathi, Kati: (bayrisch) Koseformen von Katharina
Kathinka, Katinka: (russisch) Koseformen von Jekaterina
Kathleen: (irisch) Form von Katharina
Kathrein, Katrein: (bayrisch) Kurzformen von Katharina
Kathrin, Katrin: Kurzformen von Katharina
Katja: (russisch) Kurzform von Jekaterina
Kerstin, Kerstina: (nordisch) Nebenformen von Kristina
Kim: (englisch) Kurzform von Kimberley
Kimberley, Kimberly: (englisch) Ortsname in Südafrika
Kirsten, Kirstin: (nordisch) Nebenformen von Kristine
Kirsty: (schottisch) Kurzform von Christine
Kitty: (englisch) Koseform von Katherine
Klara: (lateinisch) berühmt, leuchtend und hell
Kläre: Nebenform von Klara
Klarina: Weiterbildung von Klara
Klarissa: Weiterbildung von Klara
Klaudia: (lateinisch) weibliche Form von Klaudius
Klaudine: Weiterbildung von Klaudia
Klementia: (lateinisch) weibliche Form von Klemens
Klementina, Klementine: Weiterbildungen von Klementia
Kleo: Kurzform von Klementia, Klementine
Klothilde: (althochdeutsch) laut, berühmt und kämpfen

Konrada, Konrade: weibliche Formen von Konrad
Konradine: Weiterbildung von Konrade
Konstantine: weibliche Form von Konstantin
Konstanze: (lateinisch) beständig, fest und standhaft
Kora, Kore: (griechisch) Jungfrau, Mädchen und Kurzform von Kordula, Kordelia, Kornelia und Korinna
Kordelia: Nebenform von Kordula
Kordula: (lateinisch) das Herzchen
Korinna, Korinne: (griechisch) Erweiterungen von Kora
Kornelia: weibliche Form von Kornelius
Korona: (lateinisch) Kranz, Krone
Kosima: (griechisch) ordentlich und sittsam
Kreszentia: (lateinisch) wachsen und blühen
Kreszenz: (oberdeutsch) Kurzform von Kreszentia
Kriemhild, Kriemhilde: (althochdeutsch) Helm, Maske und Kampf
Krista: Nebenform von Christa
Kristina, Kristine: (skandinavisch) Formen von Christine
Kristy: (englisch) Koseform von Christine
Kunigunde: (althochdeutsch) Geschlecht, Sippe und Kampf
Kyra, Kira: (griechisch) die Herrin, Herrscherin
Kyrilla: Weibliche Form von Kyrillus

L

Laetitia: (lateinisch) Freude und fröhlich
Laila: (finnisch) die Weise
Lale: (nordisch) Kurzform von Eulalie, Liselotte
Lamberta, Lambertine: weibliche Formen von Lambert
Lana: (russisch) Kurzform von Namen mit -lana (Swetlana)
✗ **Lara:** (russisch) Kurzform von Larissa und Nebenform von Laura
Larissa: (griechisch, russisch) Name einer griech. Stadt
Lätitia: eingedeutschte Form von Laetitia
Laura: (italienisch) Kurzform von Laurentia
Laure: (französisch) Form von Laura
Laureen: (englisch) Form von Laura
Laurentia, Laurenzia: (lateinisch) weibliche Formen von Laurentius
Lauretta, Laurette: (italienisch, französisch) Koseformen von Laura, Laure
Laurina: Weiterbildung von Laura

Lavinia: (lateinisch) Gestalt aus der römischen Mythologie
Lea: (hebräisch) biblischer Ursprung mit unklarer Bedeutung
Leandra: weibliche Form von Leandros
Leda: Gestalt aus der griechischen Mythologie
Lee: (englisch) Kurzform von Eleonore
Leila: (orientalisch) Dunkelheit, Nacht
Lelia: Herkunft und Bedeutung unklar, evtl. von lateinisch Laelia
Lena, Lene, Leni: Kurzformen von Helene, Magdalene
Lenja, Lenka: (slawisch) Kurz- und Koseformen von Helene, Magdalene
Lenore: Neben- und Kurzform von Leonore und Eleonore
Leona, Léonie: weibliche Formen von Leo, Léon
Leonarde, Leonharde: weibliche Form von Leonard, Leonhard
Leontine: (lateinisch) die Löwenhafte
Leonore: Kurzform von Eleonore
Leopolda: weibliche Form von Leopold
Leopoldine: Weiterbildung voon Leopolda
Leslie: (schottisch) ursprüngliche Ortsbezeichnung
Letta: Kurzform von Violetta
Lexa: Kurzform von Alexa
Lia: Kurzform von Julia
Liana, Liane: Kurzformen von Juliana, Juliane
Libby: (englisch) Koseform von Elizabeth
Libussa: (slawisch) Liebe, Liebling
Lida: Kurzform von Ludmilla
Liddi: Kurzform von Lydia
Liddy: (englisch) Kurzform von Lydia

Lidia: (italienisch) Form von Lydia
Lidwina: (althochdeutsch) Volk und Freund
Liebegard, Liebgard: (althochdeutsch) lieb und Schutz, Zaun
Liebetraud, Liebtraud: (althochdeutsch) lieb und kräftig, stark
Liebhild: (althochdeutsch) lieb und kämpfen
Liesa, Lisa: Kurzformen von Elisabeth
Liesbeth, Lisbeth: Kurzformen von Elisabeth
Lieschen: Koseform von Elisabeth
Liese, Lise: Kurzformen von Elisabeth
Liesel, Lisl: (süddeutsch) Kurz- und Koseform von Elisabeth
Lieselotte: Doppelname aus Liese und Lotte
Lil, Lill: Kurzformen von Lilli
Lili, Lilli: Koseformen von Elisabeth
Lilian: (englisch) unklare Bedeutung, evtl. ursprünglich Blumenname (Lilie)?
Lilith: (hebräisch, babylonisch) unklare Bedeutung
Lilo: Kurzform von Lieselotte
Lily, Lilly: (englisch) Koseform von Elizabeth
Lina: Kurzform von Namen mit -lina
Linda: (englisch) Kurzform von Belinda und Nebenform von Linde
Linde: Kurzformen von Namen mit -lind oder -linde
Lisenka: (slawisch) Koseform von Elisabeth
Lisette: (französisch) Koseform von Elisabeth
Lissy, Lizzy: (englisch) Kose- und Kurzformen von Elizabeth
Liv: (nordisch) Schutz und wehren
Livia: (lateinisch) aus dem Geschlecht der Livier, weibliche Form von Livius

Liz: (englisch) Kurzform von Elizabeth
Ljuba: (russisch) die Liebende
Loisa: Kurzform von Aloisia
Loki: Kurzform von Hannelore
Lola: (spanisch) Koseform von Carlota, Dolores
Lolita: (spanisch) Koseform von Lola
Loni, Lonni: Kurz- und Koseformen von Apollonia, Leonie
Lora, Lore: Kurzformen von Eleonore, Laura
Loremaria: Doppelname aus Lore und Maria
Lorena: (englisch) Weiterbildung von Laura
Lorenza: weibliche Form von Lorenz
Loretta, Lorette: (italienisch, französisch) Koseformen von Laura und Anlehnung an Loreto
Loritta: Nebenform von Loretta
Lorna: (englisch) Kurzform von Lorena
Lotte, Lotti: Kurz- und Koseform von Charlotte
Lou: Kurzform von Louise
Louise: (französisch) weibliche Form von Louis
Lu, Lulu: Kurz- und Koseform von Luise
Lucia, Luzia: (lateinisch) die Glänzende, Leuchtende
Lucie, Luzie: Nebenformen von Lucia, Luzia
Lucienne: (französisch) weibliche Form von Lucien
Lucilla: Weiterbildung von Lucia
Lucille: (französisch) Form von Lucilla
Lucinda, Lucinde: Weiterbildungen von Lucia
Lucretia, Lukretia, Lukrezia: (lateinisch) weibliche Formen von Lucretius
Lucy, Luzy: (englisch) Formen von Lucia
Ludmilla: (slawisch) vom Volk geliebte
Ludowika, Ludovica: Formen von Ludwiga

Ludwiga: weibliche Form von Ludwig
Luella: (englisch) Doppelname aus Louise und Ella
Luisa, Luise: eingedeutschte Formen von Louise
Luitberga: (althochdeutsch) Volk und Schutz, Zuflucht
Luitgard: (althochdeutsch) Volk und Hort, Schutz
Luithilde: (althochdeutsch) Volk und Kampf
Luitwine: (althochdeutsch) Volk und Freundin
Lulu: Kurz- und Koseform von Namen mit Lu-
Lydia: (griechisch) aus Lydien stammend
Lynn: Nebenform von Linda
Lys: Kurz- und Nebenform Elisabeth, Liesa

M

Maartje: (niederdeutsch) Koseform von Martina, Martha
Mabel: (englisch) Kurzform von Amabel
Mabellé: (französisch) Nebenform von Amabella
Maddy: (englisch) Kurzform von Magdalene
Madeleine: (französisch) Form von Magdalene
Madeline: (französisch) Nebenform Madeleine
Madge: (englisch) Kurzform von Margaret
Mädi: eingedeutschte Schreibweise von Mady
Madita: (schwedisch) Koseform von Margareta, Romanfigur bei A. Lindgren
Mady: (englisch) Kurzform von Magdalene
Mae: (englisch) Kurzform von Maja, Maria
Mafalda: (italienisch) Form von Mathilde
Magda: Kurzform von Magdalena
Magdalena, Magdalene: (hebräisch) aus Magdala stammend, biblischer Ursprung
Magdali: Kurzform von Magdalena

Magelone: (französisch) frühe Form von Magdalena

Maggie, Maggy: (englisch) Kurz- und Koseformen von Margaret

Mai, Maie: (friesisch) Kurzformen von Maria

Maike, Meike: (niederdeutsch) Kurzformen von Maria

Maj: (schwedisch) Kurzform von Maria

Maja: Kurzform von Maria

Male, Mali: Kurzformen von Amalie und Malwine

Maleen: Kurzform von Magdalena

Malenka: (russisch) Koseform von Melanija

Malfriede: (althochdeutsch) Gericht und Frieden

Malve: auf den Pflanzennamen bezogen und Kurzform von Malvida

Malvida, Malwida: Herkunft und Bedeutung unklar, evtl. Weiterbildung von Malwine?

Malwine: aus der Ossian-Dichtung entnommener Name mit unklarer Bedeutung

Mandy: (englisch) Kurzform von Amanda

Manfreda: weibliche Form von Manfred

Manon: (französisch) Koseform von Maria, Marianne

Manuela: Kurzform von Emanuela

Mara: (hebräisch) bitter

Marcella, Marzella: (lateinisch) weibliche Form von Marcellus

Marcia: (amerikanisch) weibliche Form von Marcius, Marcus

Mareen: Weiterbildung von Maren

Marei: (oberdeutsch) Kurz- und Koseform von Maria

Mareike: eingedeutschte Form von niederländisch Marijke

Maren: (dänisch) Form von Marina

Maresa: Weiterbildung von Maria

Maret, Marete: Kurzformen von Margarete
Marfa: (russisch) Form von Martha
Marga: Kurzform von Margareta
Margalita, Margarita: (russisch) Formen von Margarete
Margaret: (englisch) Form von Margarete
Margareta: (schwedisch) Form von Margarete
Margarete, Margareta: (griechisch, lateinisch) die Perle
Margarethe, Margaretha: frühere Schreibweisen von Margarete, Margareta
Margarita: Nebenform von Margarete
Margery: (englisch) Kurzform von Margaret
Margherita, Marghitta: (italienisch) Formen von Margarete
Margit: Kurzform von Margarete, und schwedische Kurzform von Margareta
Margitta: Weiterbildung von Margit
Margot: (französisch) Kurzform von Marguerite
Margret: Nebenform von Margarete
Margrit: Nebenform von Margret
Marguérite: (französisch) Form von Margarete
Maria: (griechisch, lateinisch) Form von aramäisch Mirjam, biblischer Ursprung
Mariana, Mariane: Weiterbildungen von Maria
Mariangela: (italienisch) Doppelname aus Maria und Angela
Marianita: Doppelname aus Maria und Anita
Marianka: (slawisch) Koseform von Maria
Marianne: Doppelname aus Maria und Anna
Mariantonia: Doppelname aus Maria und Antonia
Maribelle: (englisch) Neubildung aus Maria und Amabel, Bella
Marie: Nebenform von Maria

Marie-Christine: Doppelname aus Marie und Christine
Mariechen: Koseform von Maria
Marieke: (niederdeutsch) Koseform von Maria
Mariela, Mariele: Koseformen von Maria
Marielies, Marielis: Doppelname aus Marie und Elisabeth oder Luise
Marieluise, Marielouise: Doppelnamen aus Marie und Luise oder Louise
Marierose: Doppelname aus Marie und Rose, Rosa
Marietheres: (oberdeutsch) Doppelname aus Maria und Theresia
Marietta: (italienisch) Koseform von Maria
Marijke: (niederländisch) Koseform von Maria
Marika: (ungarisch) Koseform von Maria
Marilena, Marilene: Doppelname aus Maria und Lene, Helene
Marilyn: (englisch) Koseform von Mary
Marina: (italienisch) Weiterbildung von Maria oder weibliche Form von lateinisch Marinus
Marion: (französisch) Form von Maria, Marie
Marisa: (italienisch) Doppelname aus Maria und Elisa, Lisa
Marit: (schwedisch) Nebenform von Margit
Marita: (spanisch) Koseform von Maria
Maritta: (italienisch) Koseform von Maria
Marja: (slawisch) Nebenform von Maria
Marjorie: (englisch) Nebenform von Margaret
Marketa: (tschechisch) Form von Margarete
Marleen: Kurzform von Marlene
Marlena, Marlene: Doppelname aus Maria und Helene oder Magdalena

Marlies, Marliese: Doppelnamen aus Maria und Elisabeth oder Luise
Marlitt, Marlit: Doppelname aus Marlene und Melitta?
Marnie: (amerikanisch) unklare Bedeutung
Marta, Marte: neuere Schreibweisen von Martha, Marthe
Martha, Marthe: (hebräisch) die Herrin, biblischer Ursprung
Martina: weibliche Form von Martin
Martine: (französisch) Form von Martina
Martje: (niederdeutsch) Koseform von Martha oder Margarete
Marula: (griechisch) Koseform von Maria
Maruschka, Marusja: (russisch) Koseformen von Marija
Mary: (englisch) Form von Maria
Marylou: (englisch) Doppelname aus Mary und Louise
Mascha, Maschenka: (russisch) Kurz- und Koseform von Marija
Mathilda, Mathilde: (althochdeutsch) Macht, Kraft und Kampf
Matilda: (italienisch) Form von Mathilda
Maud: (englisch) Kurzform von Magdalene oder Mathilde
Maura: (irisch) Form von Maria
Maureen: (irisch) Koseform von Maura
Maxi: (süddeutsch) Koseform von Maximiliane
Maximiliane: weibliche Form von Maximilian
May: (englisch) Kurzform von Mary
Mechthild, Mechthilde: Nebenformen von Mathilde
Medea: (griechisch) die Kluge, Weise
Meg, Meggie, Meggy: (englisch) Kurz- und Koseformen von Margaret

Meike, Maike: (friesisch) Kurz- und Koseform von Maria
Meina: (friesisch) Kurzform von Namen mit Mein-
Meinberga, Meinburga: (althochdeutsch) Kraft, Macht und Hilfe, Schutz, Zuflucht
Meinharde: (althochdeutsch) Kraft, Macht und Härte
Meinhild, Meinhilde: (althochdeutsch) Kraft, Macht und Kampf
Meinrade: (althochdeutsch) Kraft, Macht und Rat
Mela, Meli: Kurz- und Koseform von Namen mit Mel- und -mela
Melanie: (griechisch) die Dunkle, Schwarze
Mélanie: (französisch) Form von Melanie
Melba: (australisch) auf Melbourne bezogen
Melina, Meline: (griechisch) unklare Bedeutung
Melinda: Herkunft und Bedeutung unklar
Mélisande: (französisch) unklare Bedeutung
Melissa: Nebenform von Melitta
Melitta: (griechisch) die Biene
Melody: (englisch) Gesang, Melodie
Melusine: (französisch) Name aus der Sage
Mercedes: (spanisch) Abkürzung aus »Maria de Mercede redemptionis captivorum« (Maria von der Gnade der Gefangenenerlösung)
Merle: (englisch, französisch) die Amsel
Merula: (lateinisch) die Amsel
Meryl: (englisch) Nebenform von Muriel
Meta: Kurzform von Margarete
Metta, Mette: (niederdeutsch) Kurzformen von Mechthild
Mia: Kurzform von Maria
Micaela: (italienisch, spanisch) Form von Michaela

Michaela: weibliche Form von Michael
Michèle: (französisch) Form von Michaela
Micheline: (französisch) Weiterbildung von Michèle
Michelle: (französisch) Nebenform von Michèle
Mieke: (niederdeutsch) Kurzform von Marieke
Mientje: (friesisch) Koseform von Namen mit -mina oder -mine
Mieze: (niederdeutsch) Koseform von Maria
Mignon: (französisch) klein, niedlich und zart
Mila: (slawisch) Kurzform von Ludmilla
Mile: Kurzform von Emilie
Milburg: (althochdeutsch) barmherzig, gnädig und Schutz
Mildred: (englisch) Form von Miltraud
Milena: (slawisch) Weiterbildung von Mila
Milli: Koseform von Emilie
Millicent: (altfranzösisch, englisch) tausend Heilige
Milly: (englisch) Koseform von Emily
Miloslawa: (slawisch) lieblich und berühmt
Miltraud, Miltrud: (althochdeutsch) barmherzig, gnädig und kräftig, stark
Milva: (italienisch) Doppelname aus Maria und Ilva
Mimi, Mimmi: Koseformen von Maria
Mine: Kurzform von Wilhelmine oder Hermine
Minerva: (italienisch) Bedeutung unklar, Name einer Göttin
Minette: Koseform von Mina
Minka: (polnisch) Kurz- oder Koseform von Wilhelmine
Minna: Kurzform von Wilhelmine
Minnie: Koseform von Minna
Mira: Kurzform von Mirabella
Mirabella, Mirabell: (italienisch) die Wunderbare

Miranda: (lateinisch) die Bewunderte
Mireille: (französisch) Form von Mirella, Mirabella
Mirella: (italienisch) Kurzform von Mirabella
Mirjam, Miriam: (hebräisch) biblischer Ursprung, evtl. frühe Form von Maria?
Miroslawa: (slawisch) Frieden und Ruhm
Mizzi, Mitzi: (oberdeutsch) Koseformen von Maria
Modesta: (lateinisch) die Bescheidene
Modesty: (englisch) Form von Modesta
Moira: (griechisch) das Schicksal und irische Form von Mary
Molly: (englisch) Koseform von Mary
Mona: (irisch) die Edle, und italienische Kurzform von Madonna
Moni: Kurzform von Monika
Monica: (italienisch) Form von Monika
Monika: Herkunft und Bedeutung unklar, evtl. griechisch die Einzigartige?
Monique: (französisch) Form von Monika
Mumme: weibliche Nebenform von Momme
Muriel: (keltisch, englisch) unklare Bedeutung, evtl. See und hell, glänzend?
Myrna: (keltisch) liebendwürdig und sanft

N

Nada: (russisch) Kurzform von Nadeschda
Nadine: (französisch) Weiterbildung von Nadia
Nadja: (russisch) Kurzform von Nadeschda
Nadjeschda, Nadeschda: (russisch) die Hoffnung
Naemi: (hebräisch) die Liebliche, Schöne
Nana: (französisch) Kurzform von Anna
Nancy: (englisch) Koseform von Anne
Nanda: Kurzform von Ferdinanda
Nanna, Nanne: Koseformen von Anna
Nannette, Nanette: (französisch) Koseformen von Anne
Nanon: (französisch) Koseform von Anne
Naomi: Nebenform von Noemi
Nastasja: (russisch) Koseform von Anastasia
Natalia, Natalie: (lateinisch) an Weihnachten geborene
Natalja, Natalija: (russisch) Formen von Natalia
Natascha: (russisch) Koseform von Natalja

Nele, Neele: Kurz- oder Koseformen von Helene, Elionore oder Cornelia
Nelda: Kurzform von Thusnelda
Nelli, Nelly: Kurz- oder Koseform von Elionore, Helene oder Cornelia
Nelly: (englisch) Kurzform von Elinor oder Helen
Nena: (italienisch) Kurzform von Renata
Netti, Netty: Kurzformen von Anette, Antoinette oder Jeanette
Nicole, Nicolle: (französisch) weibliche Form von Nicol, Nicolas
Nicoletta: (italienisch) weibliche Form von Niccoló oder Nicola
Nicolette: (französisch) weibliche Form von Nicol, Nicolas
Nina: Kurzform von Namen mit Nin- oder -nina, und russische Kurzform von Antonina
Ninette: (französisch) Koseformen von Nina
Ninon: (französisch) Weiterbildung von Nina
Ninotschka: (russisch) Koseform von Nina
Noelle: (französisch) ältere Form von Natalie
Noemi: (hebräisch) die Liebliche
Nora: Kurzform von Eleonora
Noreen: (irisch, englisch) Form von Nora
Norina: (italienisch) Weiterbildung von Nora
Norma: (lateinisch) Maßstab, Regel, Richtschnur
Notburga: (althochdeutsch) Bedrängnis, Gefahr und Schutz
Nunzia: (italienisch) Kurzform von Annunzia
Nuria: (spanisch) aus »Nuestra Senora de Nuria« (Unsere Frau von Nuria) abgeleitet

O

Octavia, Oktavia: (lateinisch) die Achte; aus dem Geschlecht der Octavier
Oda: (hochdeutsch) Form von Ute und Kurzform von Namen mit Od- oder Ot-
Odalinde: (althochdeutsch) Besitz, Heimat und mild, sanft
Odette: (französisch) Koseform von Oda
Odila: Koseform von Oda
Odilberga: (germanisch, althochdeutsch) Erbe, Gut und bergen, schützen
Odilberta: (germanisch, althochdeutsch) Erbe, Gut und glänzend
Odile: (französisch) Form von Odilie
Odilie, Odilia: Nebenformen und Weiterbildungen von Oda, Odila oder Ottilie
Odina, Odine: Weiterbildung von Oda und weibliche Form von Odin
Olga: (russisch) Form von Helga

Olive: (französisch) Form von Olivia
Olivia: (lateinisch) Ölbaum, Olive; aus dem Geschlecht der Olivier
Olli, Olly: Koseform von Olga, Olivia und Ottilie
Olympia: (griechisch) vom Berge Olymp stammend
Oona: Herkunft und Bedeutung unklar, evtl. irische Nebenform von Una?
Ophelia: (griechisch) Beistand und Hilfe
Orania: (griechisch) die Himmlische
Oriana: (italienisch) aufgehen, erheben
Ornella: (italienisch) altrömischer Beiname, Bedeutung unklar
Orthia: Kurzform von Dorothea
Orthild, Orthilde: (althochdeutsch) Speerspitze und Kampf
Ortrud, Ortraud: (althochdeutsch) Speerspitze und Kraft, Stärke
Ortrun: (althochdeutsch) Speerspitze und geheimnisvoll
Ostara: Taufzeitname; zu Ostern geboren
Oswalda: weibliche Form von Oswald
Oswine: weibliche Form von Oswin
Ota: Nebenform von Oda
Otberga, Otburga: (germanisch, althochdeutsch) Besitz, Reichtum und Schutz, Zuflucht
Otfrieda, Otfriede: (germanisch, althochdeutsch) Besitz, Reichtum und Frieden
Othilde: (germanisch, althochdeutsch) Besitz, Reichtum und Kampf
Ottegebe, Ottogebe: (germanisch, althochdeutsch) Besitz, Reichtum und Gabe
Otti: Koseform von Ottilie

Ottilie, Ottilia: Nebenform von Odilie, Odilia
Otwine: (germanisch, althochdeutsch) Besitz, Reichtum und Freundin
Oxana: (russisch) Nebenform von Xenia
Ozeana, Oceana: Neubildung; auf dem Ozean geboren

P

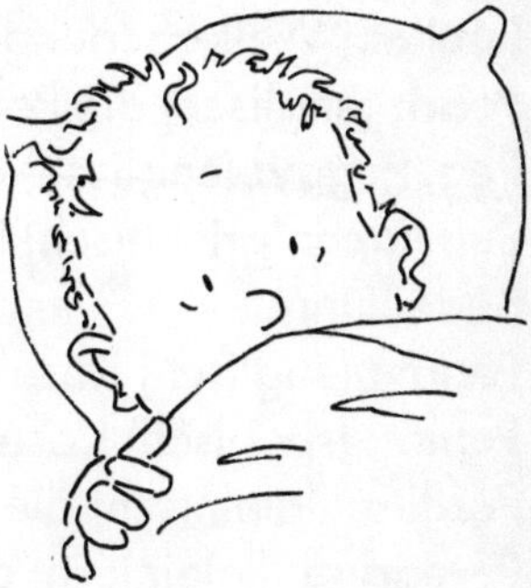

Palmira: (lateinisch, italienisch) die Palme
Paloma: (spanisch) die Taube
Pam: (englisch) Kurzform von Pamela
Pamela: (englisch) unklare Bedeutung, evtl. Romanfigur bei Ph. Sidney und S. Richardson
Pamina: Name aus W. A. Mozart »Die Zauberflöte«
Pankrazia: weibliche Form von Pankraz
Paola: (italienisch) Form von Paula
Pascale: (französisch) weibliche Form von Pascal, an Ostern geboren
Pat: (englisch) Kurzform von Patricia
Patrice: (französisch) Form von Patrizia
Patricia: (englisch) Form von Patrizia
Patrizia, Patricia: (lateinisch) die Edle, Patrizierin
Patsy, Patty: (englisch) Koseformen von Patricia
Paula: (lateinisch) die Kleine
Paulette: (französisch) Koseform von Paula

Pauline: Weiterbildung von Paula
Pearl: (englisch) die Perle
Peg, Peggy: (englisch) Kurz- und Koseform von Margaret
Penelope: (griechisch) Name aus der »Odyssee«, unklare Bedeutung
Penny: (englisch) Koseform von Penelope
Pepita: (spanisch) Koseform von Josepha
Perdita: (lateinisch) die Hoffnungslose, Verlorene
Peregrina: (lateinisch) die Pilgerin
Petra: (griechisch) weibliche Form von Peter, Petrus
Petronella, Petronilla: (italienisch) Koseformen von Petronia
Petronia: weibliche Weiterbildung von Petrus
Petula: (lateinisch) die Fröhliche, Ausgelassene
Philiberta: weibliche Form von Philibert
Philine: (griechisch) die Freundin, Geliebte
Philippa: weibliche Form von Philipp
Philippine: Weiterbildung von Philippa
Philomela, Philomele: (griechisch) die Nachtigall, Freundin des Gesangs
Philomena, Philomene: (griechisch) die Geliebte
Phöbe: (griechisch) die Glänzende, Leuchtende, weibliche Form von Phöbus
Phyllis: (griechisch) Laub, Blätter, Zweige
Pia: (lateinisch) die Fromme
Piata: (lateinisch) die Geweihte
Pirette: (französisch) weibliche Koseform von Pierre
Pilar: (spanisch) Pfeiler, Säule, Name aus »Maria del Pilar« (Marienbild am Pfeiler)
Pippa: (italienisch) Koseform von Filippa
Piroschka: (ungarisch) Weiterbildung von lateinisch Prisca

Poldi: (oberdeutsch) Koseform von Leopolda, Leopoldine
Polly: (englisch) Nebenform von Molly (Kurzform von Mary)
Prisca: (lateinisch) die Altehrwürdige
Priscilla: Weiterbildung von Prisca
Prudence: (englisch) Form von Prudentia
Prudentia: (lateinisch) die Kluge, Besonnene
Pulcheria: (lateinisch) die Schönheit

R

Rabea: (arabisch) unklare Bedeutung, evtl. Frühling oder hebräisch: Mädchen?
Rachel, Rahel: (hebräisch) das Mutterschaf
Rada, Rade: Kurzform von Namen mit Rad- und -rade
Radegund, Radegunde: (althochdeutsch) Beratung und Kampf
Radmila: (slawisch) fröhlich und lieb
Raffaela: (italienisch) Form von Raphaela
Ragna: (skandinavisch) Kurzform von Ragnhild
Ragnhild: (nordisch) Form von Reinhild
Raimunde, Reimunde: weibliche Form von Raimund, Reimund
Raissa: (russisch) unklare Bedeutung
Raja: (russisch) aus dem Paradies
Ramona: (spanisch) weibliche Form von Ramón
Raphaela: weibliche Form von Raphael
Ratberta: weibliche Form von Ratbert

Ratburg, Raturga: (althochdeutsch) Beratung, Rat und Schutz, Zuflucht
Rathild, Rathilde: (althochdeutsch) Beratung, Rat und Kampf
Raute: Kurzform von Rautgunde
Rautgund: (althochdeutsch) unklare Bedeutung
Rea, Rhea: Name aus der römischen Mythologie
Rebecca: (englisch) Form von Rebekka
Rebekka: (hebräisch) aus der Bibel, Bedeutung unklar
Recha: (hebräisch) aus der Bibel, Bedeutung unklar, evtl. weich und zart?
Regina, Regine: (lateinisch) die Königin
Reglinde, Reglindis: (germanisch, althochdeutsch) Beschluß, Rat und Schild, Schutz
Regula: (lateinisch) Norm, Regel, Richtschnur, nach der Glaubensordnung Lebende
Reingard: (germanisch, althochdeutsch) Beschluß, Rat und Gehege, Schutz
Reinhild, Reinhilde: (germanisch, althochdeutsch) Beschluß, Rat und Kampf
Reintraud, Reintrude: (germanisch, althochdeutsch) Beschluß, Rat und Kraft, Stärke
Rena, Reni: Kurz- und Koseformen von Renate, Irene und Verena
Renata: (italienisch) Form von Renate
Renate: (lateinisch) die Wiedergeborene
Renée: (französisch) Form von Renate
Resi: (oberdeutsch) Koseform von Therese
Rhonda: (englisch) unklare Bedeutung
Ria: Kurzform von Maria

Rica: Kurzform von Namen mit -rica
Ricarda: (spanisch) Form von Richarda
Riccarda: (italienisch) Form von Richarda
Richarda: weibliche Form von Richard
Richhild, Richhilde: (germanisch, althochdeutsch) reich, mächtig und Kampf
Richlind, Richlinde: (germanisch, althochdeutsch) reich, mächtig und Schild, Schutz
Richmut, Richmute: (germanisch, althochdeutsch) reich, mächtig und Geist, Sinn
Richmodis: latinisierte Form von Richmute
Ricka, Ricksta, Rixta: (friesisch) Kurzformen von Namen mit Rich-
Rika, Rike: Kurzform von Namen mit -rike
Rina: Kurzform von Namen mit -rina
Rita: (italienisch) Kurzform von Margherita, Maritta
Roberta: weibliche Form von Robert
Robina, Robine: (englisch) weibliche Formen von Robin
Rodehild, Rodehilde: (germanisch, althochdeutsch) Ruhm und Kampf
Rodelind, Rodelinde: (germanisch, althochdeutsch) Ruhm und Schild, Schutz
Roderica: (englisch) weibliche Form Roderick
Rolanda, Rolande: weibliche Formen von Roland
Romana: (lateinisch) die Römerin
Romi, Romy: Koseformen von Rosemarie
Ronja: (schwedisch) Name aus einem Buch von A. Lindgren
Ronnie, Ronny: (englisch) Kurz- und Koseformen von Veronica

Rosa: (lateinisch) die Rose
Rosabella: (italienisch) schöne Rose
Rosaleen, Rosalyn: (englisch) Formen von Rosalie
Rosalia, Rosalie: (italienisch) Weiterbildungen von Rosa
Rosalinde: (germanisch, althochdeutsch) Ruhm und Schild
Rosamunde: (germanisch, althochdeutsch) Ruhm und Schutz
Rosanna: (italienisch) Doppelname aus Rosa und Anna
Rosaria: (italienisch) Weiterbildung von Rosa
Rose: Nebenform von Rosa
Roseanne: (englisch) Doppelname aus Rose und Anne
Rosemarie: Doppelname aus Rose und Maria
Rosemary: (englisch) Form von Rosemarie
Rosette: (französisch) Weiterbildung von Rosa
Rosi: Koseform von Rosa, Roswitha und Rosemarie
Rosina, Rosine: (spanisch) Weiterbildungen von Rosa
Rosita: (spanisch) Koseform von Rosa
Roswitha: (germanisch, althochdeutsch) Ruhm und stark
Rotraud, Rotraut: (germanisch, althochdeutsch) Ruhm und kräftig
Rowena: (englisch) Name aus einem Roman von W. Scott
Roxana, Roxane: (persisch) glänzend, sonnig
Rubina, Rubine: weibliche Formen von Ruben
Ruby: (englisch) der Edelstein
Rudolfa: weibliche Form von Rudolf
Rudolfine: Weiterbildung von Rudolfa
Rufina, Rufine: weibliche Formen von Rufus
Runa, Rune: Kurzform von Namen mit Run- oder -run
Runhild, Runhilde: (althochdeutsch) Geheimnis und Kampf
Ruperta: weibliche Form von Rupert

Ruth: (hebräisch) Freundschaft, aus der Bibel
Ruthilde: (althochdeutsch) Ruhm und Kampf

S

Sabina, Sabine: (lateinisch) die Sabinerin, aus dem Stamm der Sabiner
Sabrina: (englisch) Name der Nymphe des Flusses Severn
Sally: (englisch) Koseform von Sarah
Salome: (hebräisch) die Friedliche, aus der Bibel
Salvia: (lateinisch) gesund und wohlbehalten
Samantha: (amerikanisch) weibliche Bildung zu Samuel
Samira: (hebräisch) der Gesang
Sandie, Sandy: (englisch) Kurz- und Koseformen von
Sandra: (italienisch) Kurzform von Alessandra
Sandrina: (italienisch) Koseform von Sandra
Sanna, Sanne: Kurzform von Susanna, Susanne
Saphira: (hebräisch) die Schöne
Sara, Sarah: (hebräisch) die Fürstin, Herrin
Sari, Sarina: Weiterbildungen von Sara, Sarah
Saskia: (niederländisch) unklare Bedeutung, evtl. weibliche Form von Sachso, Sasso?

Scarlett: (englisch) die Scharlachrote, ursprünglicher Familienname
Scholastica, Scholastika: (lateinisch) die Lernende, Schülerin
Schöntraud: pietistische Neubildung aus schön und althochdeutsch traud; kräftig, stark
Schwanburg, Schwanburga: (althochdeutsch) Schwan und Schutz
Schwanhild, Schwanhilde: (althochdeutsch) Schwan und Kampf
Sebalde: weibliche Form von Sebald
Sebastiane, Sebastina, Sebastine: weibliche Formen von Sebastian
Seffa, Seffi: Kurz- und Koseform von Josepha
Selina, Seline: (englisch) Formen von Céline
Selma: (englisch) aus der Ossian-Dichtung und Kurzform von Anselma
Senta: unklare Herkunft und Bedeutung, evtl. Kurzform von Kreszentia
Seraphina, Seraphine: weibliche Formen von Seraphin
Serena: (lateinisch) fröhlich und heiter
Severa, Severine: weibliche Formen von Severin
Sharon: (amerikanisch) Ortsname in den USA
Sheila: (englisch, irisch) Kurzform von Cäcilie
Shirley: (englisch) ursrünglicher Ortsname, von der hellen Wiese
Sibyl, Sibil: (englisch) Formen von Sibylle
Sibylla, Sibylle: (griechisch) Name aus der griechischen Mythologie
Sidonia, Sidonie: (lateinisch) Frau aus Sidon
Siegberta: weibliche Form von Siegbert

Siegburg, Siegburga: (althochdeutsch) Sieg und Schutz, Zuflucht
Sieghild, Sieghilde: (althochdeutsch) Sieg und Kampf
Sieglind, Sieglinde: (althochdeutsch) Sieg und Schild
Siegrun, Siegrune: (althochdeutsch) Sieg und Geheimnis
Sigi: Kurz- und Koseform von Namen Sieg- und Sig-
Siglind: ältere Form von Sieglinde
Signe: (altnordisch) Sieg und Erneuerung
Sigrid: (altnordisch) Sieg und schön
Sigrun: ältere Form von Siegrun
Sigune: (nordisch) unklare Bedeutung, evtl. Name aus »Parzival« von W. v. Eschenbach
Silia, Silja: (friesisch) Kurzform von Cäcilia
Silke: (niederdeutsch) Koseform von Cäcilie
Silva: Kurzform von Silvana
Silvana: weibliche Form von Silvan, Silvanus
Silvia: (lateinisch) im Wald wohnend
Simone: weibliche Form von Simon
Simonette: Weiterbildung von Simone
Sina, Sine: Kurzformen von Rosina, Rosine
Siri, Sirid: (schwedisch) Kurz- und Nebenform von Sigrid
Sissi, Sissy: Kurz- und Koseform von Elisabeth und Cecily
Sitta: Kurzform von Sidonie
Siw: (nordisch) Braut, Ehefrau, Verwandte
Sixta: weibliche Form von Sixtus
Sixtina: Weiterbildung von Sixta
Sófia, Sófija: (russisch) Formen von Sophia
Sofie: Nebenform von Sophia
Solveig: (nordisch) unklare Bedeutung, evtl. Haus, Saal und Kraft

Sondra: (amerikanisch) Form von Sandra
Sonija, Sonja: (russisch) Koseformen von Sófija
Sonngard: Neubildung aus Sonne und althochdeutsch -gard
Sonnhild: Neubildung aus Sonne und althochdeutsch -hild
Sonntraud, Sonntrud: Neubildung aus Sonne und althochdeutsch -traud, -trud
Sophia, Sophie: (griechisch) die Weisheit
Soraya: (persisch) unklare Bedeutung
Stacia, Stacy: (englisch) Kurz- und Koseform von Anastasia
Stanislava, Stanislawa: (slawisch) weibliche Formen von Stanislaw
Stanze, Stanzi: Kurz- und Koseform von Konstanze
Stasi: (oberdeutsch) Koseform von Anastasia
Stefania, Stefanie: neuere Formen von Stephania, Stephanie
Steffi: Kurz- und Koseform von Stefanie
Stella: (lateinisch) der Stern
Stephania, Stephanie: (griechisch) Kranz, Krone
Stéphanie: (französisch) Form von Stephanie
Stina, Stine: Kurzform von Namen mit -stina, -stine
Su, Sue: (englisch) Kurzformen von Susan, Susanna
Sulamith: (hebräisch) aus der Bibel
Suleika: (arabisch) die Verführerin
Sunhild, Sunhilde: (althochdeutsch) evtl. Sonne? und Kampf
Susan: (englisch) Form von Susanne
Susanne, Susanna: (hebräisch) die Lilie, aus der Bibel
Suse, Susi: Kurz- und Koseform von Susanne
Susette: (französisch) Koseform von Suzanne
Susy: (englisch) Koseform von Susan

Suzanne: (französisch) Form von Susanne
Svea: (schwedisch) die Schwedin
Svenia: Weiterbildung von Svenja
Svenja: (nordisch) weibliche Form von Sven
Swaantje, Swantje: (friesisch) Koseform von Swanhild
Swanhild, Swanhilde: (niederdeutsch) Form von Schwanhild
Swetlana: (russisch) die Helligkeit, das Licht
Sybil: (englisch) Form von Sibylle
Sybille: Nebenform von Sibylle
Sylva, Sylvana: Nebenformen von Silvana
Sylvia: (englisch) Form von Silvia
Sylvie: (französisch) Form von Silvia

T

Tabea: (aramäisch) Form von Tabitha
Tabitha: (hebräisch) die Gazelle
Talitha: (hebräisch) die Tochter, das Mädchen
Tamara: (russisch) von hebräisch die Palme
Tammy: (amerikanisch) evtl. Koseform von Tamara?
Tana: (französisch) Kurzform von Tatiana
Tanita: Herkunft und Bedeutung unklar
Tanja, Tania: (russisch) Kurzformen von Tatjana
Tasja: Koseform von Anastasia
Tatiana: (lateinisch) weibliche Form vom Sabinerkönig Tatius
Tatjana: (russisch) Form von Tatiana
Teresa: (englisch, spanisch) Form von Theresa
Térèse, Thérèse: (französisch) Formen von Theresa
Terry: (englisch) Kurzform von Teresa
Tertia, Terzia: (lateinisch) die Dritte
Tess, Tessa, Tessy: (englisch) Kurz- und Koseformen von Teresa

Thea, Tea: Kurzform von Dorothea, Theodora oder Therese
Theda: (niederdeutsch) Kurzform von Namen mit Diet-, oder Dorothea, Theodora
Thedamaria: Doppelname aus Theda und Maria
Thekla: (griechisch) Gott und Ruhm
Thelma: (englisch) Nebenform von Selma
Theodelinde: latinisierte Form von Dietlinde
Theodora: weibliche Form von Theodor
Theodosia: (griechisch) Gabe oder Geschenk Gottes
Therese, Theresia: (griechisch) von der Insel Thera
Thilde, Tilde: Kurzform von Mathilde oder Klothilde
Thora: (nordisch) Kurzform von Namen mit Thor-
Thordis, Tordis: (nordisch) Thor und Göttin
Thorhild, Torhild: (nordisch) Thor und Kampf
Thorid, Torid: (nordisch) Thor und hübsch, schön
Thurid, Turid: Nebenformen von Thorid, Torid
Thusnelda: (germanisch) unklare Bedeutung
Thyra, Tyra: (nordisch, althochdeutsch) von Thor und Kampf
Tilla, Tilli, Tilly: Kurz- und Koseformen von Mathilde oder Ottilie
Tina, Tine, Tini: Kurz- und Koseformen von Namen mit -tina oder -tine
Tinka: Kurzform von Katharina oder Kathinka
Tirza: (hebräisch) Anmut, Liebreiz
Titia, Tizia: Kurzformen von Lätitia
Toni, Tony: Koseformen von Antonia
Tonja: (russisch) Koseform von Antonina
Topsy: Herkunft und Bedeutung unklar
Tosca, Toska: (italienisch) aus der Toskana

Tracy: (englisch) Nebenform von Teresa
Traude, Traudel: Kurz- und Koseform von Gertraud, Gertrud oder Waltraud
Traute, Trautel: Kurz- und Koseformen von Gertraut, Gertrut oder Waltraut
Tressa: (amerikanisch) Kurzform von Teresa
Trina, Trine: (niederdeutsch) Kurzformen von Katharina
Trix, Trixi: Kurz- und Koseform von Beatrix
Trude, Trudel, Trudi: Kurz- und Koseformen von Gertrud, Trudhilde
Trudhild, Trudhilde: (althochdeutsch) Kraft, Stärke und Kampf
Tulla, Tulle: Koseformen von Ulla, Ursula

U

Uda: Nebenform von Oda
Uli, Ulli: Kurz- und Koseformen von Ulrike
Uljana: (russisch) Form von Juliana
Ulla: Kurzform von Ursula
Ulrike: weibliche Form von Ulrich
Una: (lateinisch) die Einzige oder (irisch) Nebenform von Oana
Undine: (neulateinisch) die Nixe, Welle
Urd, Urda: (altnordisch) germanische Schicksalsgöttin
Ursel: Kurzform von Ursula
Ursine: weibliche Form von Ursinus
Ursula: (lateinisch) die kleine Bärin
Urte: (baltisch) evtl. Kurzform von Dorothea?
Uschi: Koseform von Ursula
Uta, Ute: (hochdeutsch) Formen von Oda
Utta: Nebenform von Uta

V

Valborg: (skandinavisch) Form von Walburg
Valentina, Valentine: webliche Form von Valentin
Valeriane: weibliche Form von Valerian
Valerie, Valeria: weibliche Formen von Valerius
Valeska: (polnisch) Form von Valeria
Valli: Kurzform von Namen mit Val- oder Wal-
Vanessa: (englisch) Name einer Schmetterlingsgattung und aus einer Dichtung von Jh. Swift
Vera: (russisch) der Glaube, Religion und Zuversicht
Veramaria: Doppelname aus Vera und Maria
Verena: Herkunft und Bedeutung unklar, evtl. lateinisch scheu, zurückhaltend?
Vérénice: (französisch) Form von Berenice, Berenike
Veritas: (lateinisch) die Wahrheit
Verona: (oberdeutsch) Kurzform von Veronika
Veronika, Veronica: (griechisch, lateinisch) die den Sieg bringt

Véronique: (französisch) Form von Veronika
Veruschka: (russisch) Koseform von Vera
Vesta: (lateinisch) Name einer römischen Göttin
Vicki, Vicky: Kurz- und Koseformen von Viktoria
Viki: Nebenform von Vickie
Viktoria, Victoria: (lateinisch) Name der römischen Siegesgöttin
Viktorine, Victorine: (französisch) Form von Viktoria
Vilma: (ungarisch) Form von Wilhelmine
Vinzentia: weibliche Form von Vinzenz
Viola: (lateinisch) das Veilchen
Violet: (englisch) Form von Viola
Violetta: (italienisch) Koseform von Viola
Virginia: (lateinisch) aus dem Geschlecht der Virginier
Virginie: (französisch) Form von Virginia
Vita: (lateinisch) das Leben
Vivi: Koseform von Viviane
Vivian, Vivien: (lateinisch, englisch) Weiterbildung von Vibianus, des römischen Geschlechternamens Vibius
Viviane: Weiterbildung von Vivian
Vivienne: (französisch) Form von Viviane
Volkberta: weibliche Form von Volkbert
Volkhild, Volkhilde: (althochdeutsch) Volk und Kampf
Vreni, Vreneli: (schweizerisch) Kurz- und Koseformen von Verena
Vroni: (oberdeutsch) Kurz- und Koseform von Veronika

W

Walburg, Walburga: (althochdeutsch) herrschen, walten und Schutz, Zuflucht
Waldburg, Waldburga: ältere Schreibweise von Walburg, Walburga
Waldeberta: (althochdeutsch) herrschen, walten und glänzend
Waldegund, Waldegunde: (althochdeutsch) herrschen, walten und Kampf
Waldhild, Waldhilde: Nebenformen von Walthild
Waldtraut: Nebenform von Waltraud
Walfriede: weibliche Form von Walfried
Walli, Wally: Kurzformen von Namen mit Val- oder Wal-
Walpurga, Walpurgis: Nebenformen von Walburg
Walthild, Walthilde: (althochdeutsch) herrschen, walten und Kampf
Waltrada, Waltrade: (althochdeutsch) herrschen, walten und Beratung

Waltraud, Waltraut: (althochdeutsch) herrschen, walten und Kraft, Stärke
Waltrud: Nebenform von Waltraut
Waltrun, Waltrune: (althochdeutsch) herrschen, walten und geheime Beratung, Zauber
Wanda: (slawisch) unklare Bedeutung
Warja: (russisch) Koseform von Warwara
Warwara: (russisch) Form von Barbara
Weda: (friesisch) unklare Bedeutung
Wedis: Nebenform von Weda
Weerta, Werta: (friesisch) weibliche Form von Weert, Wert
Wencke: (skandinavisch) unklare Bedeutung
Wendelburg: (germanisch, althochdeutsch) vom Stamm der Wandalen und Schutz, Zuflucht
Wendelgard: (germanisch, althochdeutsch) vom Stamm der Wandalen und Gehege, Hort
Wendeline: weibliche Form von Wendelin
Wendi, Wendy: Kurz- oder Koseformen von Namen Wendel-
Wendula: Weiterbildung von Wendi, Wendeline
Wera: Nebenform von Vera
Werna: Kurzform von Namen mit Wern-
Wernburg: (germanisch, althochdeutsch) evtl. vom Stamm der Warnen und Schutz, Zuflucht
Werngard: (germanisch, althochdeutsch) evtl. vom Stamm der Warnen und Gehege, Hort
Wernhild, Wernhilde: (germanisch, althochdeutsch) evtl. vom Stamm der Warnen und Kampf
Wiberta: Nebenform von Wigberta
Wibke, Wiebke: Kurzform von Namen mit Wib- oder Wig-

Wigberta: (althochdeutsch) Kampf und glänzend
Wigburg, Wigburga: (althochdeutsch) Kampf und Schutz, Zuflucht
Wilburg: (althochdeutsch) Wille und Schutz, Zuflucht
Wilfrieda, Wilfriede: (althochdeutsch) Wille und Frieden, Schutz
Wilgard: (althochdeutsch) Wille und Gehege, Hort
Wilgund, Wilgunde: (althochdeutsch) Wille und Kampf
Wilhelma: (althochdeutsch) Wille und Helm, Schutz
Wilhelmina, Wilhelmine: Weiterbildungen von Wilhelma
Wilka: (friesisch) Kurzform von Namen mit Wil-
Wilma: Kurzform von Wilhelma, Wilhelmina
Wiltraud, Wiltraut: Nebenformen von Wiltrud
Wiltrud, Wiltrude: (althochdeutsch) Wille und Kraft, Stärke
Winfrieda, Winfriede: (althochdeutsch) Freundin und Frieden, Schutz
Winifred: (englisch) Form von Winfrieda
Winni, Winnie: Kurz- und Koseform von Winifred, Winfrieda
Wintrud, Wintrude: (althochdeutsch) Freundin und Kraft, Stärke
Wolfgund, Wolfgunde: (althochdeutsch) Wolf und Kampf
Wolfhild, Wolfhilde: (althochdeutsch) Wolf und Kampf
Wolfrun: (althochdeutsch) Wolf und Geheimnis, Zauber
Wolftraud: Nebenform von Wolftrud
Wolftrud, Wolftrude: (althochdeutsch) Wolf und Kraft, Stärke
Wulfhild, Wulfhilde: Nebenformen von Wolfhild, Wolfhilde

X

Xandra: Kurzform von Alexandra
Xaveria: weibliche Form von Xaver, Xaverius
Xenia: (giechisch) die Gastfreundliche

Y

Yasmin, Yasmina: Nebenformen von Jasmin
Yliane: Weiterbildung von Iliane
Ylva, Ylvi: (nordisch) kleine Wölfin
Yola: Kurzform von Yolanda, Yolanthe
Yolanda, Yolanthe: Nebenformen von Jolanthe
Yvette: (französisch) weibliche Form von Yves
Yvonne: (französisch) weibliche Form von Yves, Yvo

Z

Zarah: Nebenform von Sarah
Zäzilia, Zäzilie: Nebenformen von Cäcilia, Cäcilie
Zdenka: (slawisch) Form von Sidonia
Zelda: Nebenform Von Griselda
Zella: Nebenform von Cella
Zenobia: weibliche Form von Zeno, Zenobio
Zenzi: (oberdeutsch) Koseform von Crescentia, Innozentia oder Kreszenz
Zilla, Zilli, Zilly: Kurz- und Koseformen von Cäcilia, Cäcilie
Ziska: Kurzform von Franziska
Zita: (italienisch) unklare Bedeutung, evtl. Kurzform von Felizitas
Zizi: Koseform von Zenobia
Zoe: (griechisch) Leben
Zölestine: Nebenform von Cölestine
Zora, Zorah: (slawisch) Form von Aurora
Zuleika: Nebenform von Suleika

Männliche Vornamen

A

Aaron,Aron: (hebräisch) der Erleuchtete, biblischer Ursprung
Abel: (hebräisch) Hauch, Vergänglichkeit, biblischer Ursprung
Abo, Abbo: Kurzformen von Adalbert
Abraham: (hebräisch) Erzvater, Vater der Menge, biblischer Ursprung
Absalom: (hebräisch) Vater des Friedens, biblischer Ursprung
Achaz: (griechisch) der Unschuldige
Achilles, Achilleus: (griechisch) unklare Bedeutung
Achim: Kurzform von Joachim
Achmed, Ahmed: (arabisch) der zu Preisende
Adalbald, Adalbold: (althochdeutsch) der Edle, Vornehme und Kühne
Adalbero: (althochdeutsch) der Edle, Vornehme und Bär
Adalbert, Adelbert: (althochdeutsch) der Edle, Vornehme und Glänzende

Adalbrand, Adelbrand: (althochdeutsch) der Edle, Vornehme und Waffenträger
Adalbrecht, Adelbrecht: Nebenformen von Adalbert
Adalfried: (althochdeutsch) der Edle, Vornehme und Schutz
Adalger, Adelger: (althochdeutsch) der Edle, Vornehme und Speerträger
Adalhard, Adelhard: (althochdeutsch) der Edle, Vornehme und Kräftige
Adalhelm, Adelhelm: (althochdeutsch) der Edle, Vornehme und Helm
Adalmann, Adelmann: (althochdeutsch) der Edle, Vornehme und Mann
Adalmar, Adelmar: (althochdeutsch) der Edle, Vornehme und Verkünder
Adalrich, Adelrich: (althochdeutsch) der Edle, Vornehme und Reiche, Mächtige
Adalwin, Adelwin: (althochdeutsch) der edle Freund
Adalwolf, Adalwulf: (althochdeutsch) der Edle, Vornehme und Wolf
Adam: (häbräisch) der Mensch, biblischer Ursprung
Addo, Adi, Ado: Kurzformen von Adolf
Adelar, Adolar: (althochdeutsch) der Edle, Vornehme und Adler
Adolf, Adolph: Nebenformen von Adalwolf
Adrian, Adrien: (lateinisch) der von Adria stammende
Adriano: (italienisch) Form von Adrian
Agemar, Agimar: (althochdeutsch) Ecke, Spitze, Schwert, und groß, berühmt
Ägid, Ägidius: (griechisch) der Schildhalter

Agilbert: (althochdeutsch) Ecke, Spitze, Schwert, und glänzend
Agilo: Kurzform von Agilbert
Agilolf, Agilulf: (althochdeutsch) Ecke, Spitze, Schwert und Wolf
Agilwart: (althochdeutsch) Ecke, Spitze und Hüter, Beschützer
Agimund: (althochdeutsch) Ecke, Spitze, Schwert und Schutz
Ago: Kurzform von Agilo
Ahasver: (hebräisch) Bedeutung unklar
Aigolf, Aigulf: Nebenformen von Agilolf
Ailbert: Nebenform von Agilbert
Aimé: (französisch) Form von Amatus
Akim: Kurzform von Joakim
Alain: (französisch) von lateinisch Alanus
Alard, Alhard: Kurzformen von Adalhard
Alban: (lateinisch) der aus Alba Stammende
Alberich: (althochdeutsch) Naturgeist, Herrscher und reich
Albero: Kurzform von Adalbero
Albert: Kurzform von Adalbert
Albin, Albinus: (lateinisch) der Weiße
Alboin, Albuin: Nebenformen von Albwin
Albrand: Kurzform von Adalbrand
Albrecht: Kurzform von Adalbrecht
Aldo: (italienisch) Kurzform von Adalbero
Albwin: (althochdeutsch) Naturgeist, Freund
Aldebrand: Nebenform von Adalbrand
Aldeger, Aldiger: Nebenformen von Adalger
Aldemar: Nebenform von Adalmar

Alderich: Nebenform von Adalrich
Aldhelm: Nebenform von Adalhelm
Aldo: (italienisch) Kurzform von Aldobrando
Alec: (englisch) Kurzform von Alexander
Alessandro: (italienisch) Form von Alexander
Alex: Kurzform von Alexander
Alexander: (griechisch) Beschützer, Verteidiger
Alexandre: (französisch) Form von Alexander
Alexei, Alexej: (russisch) Formen von Alexander
Alexis, Alexius: (griechisch) Hilfe, Abwehr
Alf, Alfi: Kurzformen von Adolf und Alfred
Alfons: (althochdeutsch) edel, vornehm, bereit
Alfonso: (spanisch) Form von Alfons
Alfred, Alfrad: (altdeutsch,englisch) edler Beschützer
Alfried: Kurzform von Adalfried
Alhard: Kurzform von Adalhard
Aljoscha: (russisch) Koseform von Alexander
Allan, Allen: (englisch) Formen von Alain
Allister: (englisch) Form von Alexander
Almar: Kurzform von Adalmar
Almarich, Almerich: Nebenformen von Amalrich
Alois, Aloisius: (althochdeutsch) klug, weise
Alphonse: (französisch) Form von Alfons
Alwin: Kurzform von Adalwin
Amadeus: (lateinisch) lieber Gott
Amadeo: (italienisch) Form von Amadeus
Amalbert: (gotisch, althochdeutsch) glänzend
Amalfried: (gotisch, althochdeutsch) Beschützer
Amalrich, Amelrich: (gotisch, althochdeutsch) reich und Herrscher

Amandus: (lateinisch) liebenswert
Amatus: (lateinisch) Geliebter
Ambros, Ambrosius: (griechisch) unsterblich, göttlich
Amédé: (französisch) von Amadeus
Amery: (englisch) Form von Emerich
Amon, Ammon: (griechisch) vom ägyptischen Gott Amun
Ämilius: Form von Emil
Amos: (hebräisch) der Tragende und Beladene, biblischer Urprung
Anastas, Anastasius: (griechisch) die Auferstehung
Anatol, Anatolius: (griechisch) der aus dem Morgenland (Anatolien)
Anders: Kurzform von Andreas
Andi, Andy: Koseformen von Andreas
André: (französisch) von Andreas
Andreas: (griechisch) der Mannhafte, Tapfere
Andrei, Andrej: (russisch) Formen von Andreas
Andrew: (englisch) Form von Andreas
Andy: (englisch) Kurzform von Andrew
Angel: (spanisch) Form von Angelus
Angelo: (italienisch) Form von Angelus
Angelus: (griechisch) der Engel, der Bote Gottes
Angus: (keltisch, englisch) der Gestrenge
Anno: Kurzfom von Anton
Ansbert: (germanisch) göttlich und glänzend
Anselm, Anshelm: (germanisch, althochdeutsch) göttlich und Helm
Ansgar: (germanisch, althochdeutsch) göttlich und Speer
Antek: (polnisch) Form von Anton
Antoine: (französisch) Form von Anton

Antonio: (italienisch) Form von Anton
Antony, Anthony: (englisch) Formen von Anton
Apollon, Apollonius: (griechisch) dem Gott geweiht
Araldo: (italienisch) Form von Harold
Arbo: Kurzform von Arbogast
Arbogast: (althochdeutsch) erben, übernehmen und Gast
Archibald: (englisch) Form von Erkenbald
Arend: Kurzform von Arnold
Aribert: (französisch) Form von Herbert
Aristid, Aristidês: (französisch, griechisch) Sohn des Vornehmen
Armand: (französisch) Form von Hermann
Armando: (italienisch) Form von Hermann
Armin, Arminius: (germanisch) der Cherusker
Arnd, Arndt: Kurzformen von Arnold
Arnfried: (althochdeutsch) Adler und Schutz und Friede
Arno: Kurzform von Arnold
Arnold: (althochdeutsch) Adler und herrschen
Arnulf: (althochdeutsch) Adler und Wolf
Aron: Form von Aaron
Arthur, Artur: (englisch, keltisch) auf König Artus zurücksehend
Arturo: (italienisch) Form von Artur
Arwed, Arvid: (schwedisch) Adler und Baum
Asmus: Kurzform von Erasmus
Athanasius: (griechisch) der Unsterbliche
Attila: (gotisch) das Väterchen
Audomar: (fränkisch) Form von Otmar
August, Augustus: (lateinisch) der Erhabene, Ehrwürdige
Auguste: (französisch) Form von August

Augusto: (italienisch) Form von August
Augustin, Augustinus: Weiterbildungen von August
Aurel, Aurelius: (lateinisch) der Aurelier, römischer Geschlechtername, der Goldene, Glänzende
Axel: (schwedisch) Form von hebräisch Absalom

B

Baldebert: (althochdeutsch) kühn und glänzend
Balder: Nebenform von Baldur
Balduin: (althochdeutsch) kühn und Freund
Baldur: (Gott Baldur) aus der altnordischen Mythologie übernommen
Baldwin: (englisch) Form von Balduin
Baldus, Balte: Nebenformen von Balthasar
Balthasar: (babylonisch, hebräisch) Gott schütze sein Leben
Baptist: (griechisch) Beiname des Täufers
Baptiste: (französisch) Form von Baptist
Battista: (italienisch) Form von Baptist
Bardo: Kurzform von Bardolf
Bardolf, Bardulf: (althochdeutsch) Axt und Wolf
Barnabas: (aramäisch) Sohn des Trostes, biblischer Ursprung
Barnd: (friesisch) Kurzform von Bernhard

Barnet: (englisch) Form von Bernhard
Barthel: Kurzform von Bartholomäus
Barthold: (niederdeutsch) Nebenform von Berthold
Bartholomé, Barthélemy: (französisch) Formen von Bartholome
Bartholomäus: (aramäisch, griechisch) Sohn des Tolmai, biblischer Ursprung
Bartolo: Kurzform von Bartholomäus
Bartolomeo: (italienisch) Form von Bartholomäus
Baruch: (hebräisch) der Gesegnete
Basil, Basilius: (griechisch) König, der Königliche
Bastian: Kurzform von Sebastian
Bastien: (französisch) Form von Sebastian
Baudoin: (französisch) Form von Balduin
Batiste: (französisch) Form von Baptist
Beatus: (lateinisch) der Glückliche
Beda: (angelsächsisch) Bedeutung unklar
Béla: (ungarisch) Form von Adalbert
Ben: (hebräisch, englisch) der Sohn, von Benjamin
Bendix: Kurzform von Benedikt
Benedetto, Benito: (italienisch) Formen von Benedikt
Benedikt, Benediktus: (lateinisch) der Gesegnete
Bengt, Bent: (skandinavisch) Formen von Benedikt
Benigius: (lateinisch) der Gütige
Bennet, Bennett: (englisch) Formen von Benedikt
Benno: Kurzform von Bernhard
Benny: (englisch) Koseform von Benjamin
Bénoît: (französisch) Form von Benedikt
Beppo: (italienisch, bayrisch) Koseform von Giuseppe und Joseph

Berhard: Nebenform von Bernhard
Bernald, Bernhold, Bernold: (althochdeutsch) Bär und herrschen
Bernard: (englisch, französisch) Form von Bernhard
Bernd, Bernt: Kurzformen von Bernhard
Bernhard: (althochdeutsch) Bär und kräftig, hart
Bernhelm: (althochdeutsch) Bär und Helm
Berni, Bero, Berno: Kurzformen von Bernhard
Bernward: (althochdeutsch) Bär und beschützen, hüten
Bero: Kurzform von Bernhard
Bert, Berti, Berto: Kurzformen von Namen, die mit Bert- oder -bert beginnen oder enden
Bertel: Koseform von Berthold
Bertfried: (althochdeutsch) glänzend und Schutz, Friede
Berthold, Bertold, Bertolt: (althochdeutsch) glänzend und herrschen
Bertil: (schwedisch) Form von Berthold
Bertolf, Bertulf: (althochdeutsch) glänzend und Wolf
Bertram: (althochdeutsch) glänzend und Rabe
Bertrand: (althochdeutsch) glänzend und Schild
Bill, Billy: (englisch) Kurzformen von William (Wilhelm)
Billfried: (althochdeutsch) Schwert und Frieden
Billhard: (althochdeutsch) Schwert und Härte
Birger: (skandinavisch) Beschützer
Birk: (alemannisch) Kurzform von Burkhard
Björn: (skandinavisch) der Bär
Blasius: (lateinisch) Bedeutung unklar
Bob, Bobby: (englisch) Kurzformen von Robert
Bodo: (altdeutsch) Kurzform zu Namen mit Bodo-
Bodomar, Bodmar: (althochdeutsch) Bote und berühmt

Bodowin, Bodwin, Botwin: (althochdeutsch) Bote und Freund
Bogdan: (slawisch) Geschenk Gottes, Form von Theodor
Bogislaw, Boguslav: (slawisch) Gottes Ruhm, Form von Gottlob
Bogumil, Bohumil: (slawisch) Liebe Gottes, Form von Gottlieb
Boi, Boie, Boje, Boy: (friesisch,englisch) der Knabe, Junge
Boleslaw, Boleslav: (slawisch) Ehre, Lob und Ruhm
Bolko, Bolo: Kurzformen von Boleslaw
Bonaventura: (lateinisch) die gute Zukunft
Bonifacius, Bonifatius, Bonifaz: (lateinisch) der Wohltäter
Borchard, Burchard: Nebenformen von Burkhard
Börge: (skandinavisch) Nebenform von Birger
Boris: (slawisch) der Kämpfer
Bork: (niederdeutsch) Form von Burkhard
Börries, Borris: (niederdeutsch) Formen von Liborius
Bosse, Bosso: (niederdeutsch) Kurzformen von Burkhard
Botho, Boto: Nebenformen von Bodo
Brand: Kurzform von Namen mit Brand- und -brand
Brandolf: (althochdeutsch) Waffe und Wolf
Brandon, Brendan: (englisch, irisch) Formen von Brandolf
Branko: (slawisch) Ehre und Ruhm
Brecht: Kurzform von Albrecht, Lambrecht
Brett: (keltisch, englisch) aus Britannien
Brian: (englisch) Bedeutung unklar
Broder: (friesisch) der Bruder
Bronislaw, Bronislav: (slawisch) Panzer, Harnisch und Ruhm, Ehre
Bror: Kurzform von Broder

Bruce: (englisch) im Unterholz
Brun: Kurzform von Bruno
Bruno: (althochdeutsch) braun und Bär
Brunold: (althochdeutsch) braun, Bär und herrschen
Burk, Bürk: Kurzformen von Burkhard
Burkhard, Burghard, Burkart: (althochdeutsch) Burg, Schutz und hart
Burt: (englisch) Nebenform von Bert, Bedeutung unklar
Busse, Busso: (niederdeutsch) Kurzformen von Burkhard

C

Cäcilius: (lateinisch) der Caecilier; römischer Geschlechtername
Caesar, Cäsar: (lateinisch) altrömischer Geschlechtername; hauen, schlagen, schneiden
Cajus: Nebenform von Kajus
Calman: Nebenform von Kalmán
Camillo, Kamillo: (lateinisch) edler Knabe und Altardiener
Candidus: (lateinisch) der Unbefleckte
Carl: Nebenform von Karl
Carlo: (italienisch) Form von Karl
Carlos: (spanisch) Form von Karl
Carol: (rumänisch, englisch) Form von Karl
Carolus: (lateinisch) Form von Karl
Carsten: Nebenform von Karsten
Cary: (englisch) Nebenform von Carl
Casimir: Nebenform von Kasimir
Caspar: Nebenform von Kaspar

Cassius: (lateinisch) der Cassier; römischer Geschlechtername
Cecil: (englisch) Bedeutung unklar
Cedric: (keltisch, englisch) Häuptling
César: (französisch) Form von Caesar
Cesare: (italienisch) Form von Caesar
Charles: (englisch, französisch) Form von Karl
Charley: (englisch) Koseform von Charles
Charlton: (englisch) Nebenform von Charles
Chris: (englisch) Kurzform von Christian oder Christopher
Christian: (griechisch, lateinisch) Anhänger von Christus
Christoph, Christof: (griechisch) Träger von Christus
Christopher, Christoffer: (englisch) Form von Christoph
Chrysanthus: (griechisch) Goldblume
Chrysostomus: (griechisch) Goldmund
Claas, Klaas: (niederdeutsch) Kurzform von Nikolaus
Clark: (lateinisch, englisch) Geistlicher
Claude: (französisch) Form von Claudius
Claudio: (italienisch) Form von Claudius
Claudius, Klaudius: (lateinisch) der Claudier; römischer Geschlechtername
Claus, Klaus: Kurzformen von Nikolaus
Clayton: (englisch) Haus auf Ton
Clemens, Klemens: (lateinisch) mild und gnädig
Cliff, Clifford: (englisch) von den Klippen
Clint, Clinton: (englisch) Bedeutung unklar
Cölestin, Cölestinus: (lateinisch) der Himmlische
Colin: (englisch) Kurzform von Nicolaus
Coloman, Koloman: (keltisch) der Einsiedler
Conni, Conny: Koseformen von Konrad

Conrad, Konrad: (althochdeutsch) kühn und Ratgeber
Constantin, Konstantin: (lateinisch) der Standhafte
Cord, Kord: Nebenformen von Konrad
Corin: (französisch) Form von Quirin
Cornelius, Kornelius: (lateinisch) der Cornelier, römischer Geschlechtername
Corvin, Corvinius: (lateinisch) der Rabe
Cosimo: (griechisch, italienisch) der Sittsame
Crispin, Crispinus: (lateinisch) der Krause
Cristobal: (spanisch) Form von Christoph
Curd, Curt: Nebenformen von Kurt
Cyprian, Cyprianus: (lateinisch) Mann aus Zypern
Cyriac, Cyriacus: (griechisch) zum Herrn gehörend
Cyrill, Cyrillus: (griechisch) zum Herrn gehörend

D

Dag: Kurzform von Namen mit Dago-
Dagobert: (keltisch, althochdeutsch) gut und glänzend
Dagomar: (keltisch, althochdeutsch) gut und berühmt
Damian: (griechisch) Bezwinger
Dan: (englisch) Kurzform von Daniel
Daniel: (hebräisch) biblischer Ursprung, Gott ist mein Richter
Danilo: (slawisch) Form von Daniel
Dankmar: (althochdeutsch) denken und berühmt
Dankrad: (althochdeutsch) denken und Rat
Dankward: (althochdeutsch) denken und schützen
Danny: (englisch) Koseform von Daniel
Dario: (italienisch) Form von Darius
Darius: (persisch, lateinisch) Besitzer des Guten
Dave: (englisch) Kurzform von David
David: (hebräisch) der Geliebte, biblischer Ursprung
Dean: (englisch, amerikanisch) Dekan, Ältester

Debald: (niederdeutsch) Form von Dietbald
Dedo, Deddo: (friesisch) Formen von Dietrich
Degenhard: (althochdeutsch) Held, Krieger und hart
Delf: Kurzform von Detlef
Demetrius: (griechisch) Sohn der Demeter
Denis, Dennis: (französisch, englisch) Formen von Dionysos
Deno: Kurzform von Degenhard
Derk, Derek: (niederdeutsch) Kurzformen von Dietrich
Desiderius: (lateinisch) der Erwünschte
Désiré: (französisch) Form von Desiderius
Detlef, Detlev: (niederdeutsch) Sohn des Volkes
Detmar: (niederdeutsch) Form von Dietmar
Dewald: (niederdeutsch) Form von Dietwald
Dick: (englisch) Kurzform von Richard
Didi, Diddi: Kurzformen von Dietrich
Didier: (französisch) Form von Desiderius
Diebald: Nebenform von Dietbald
Diego: (spanisch) Form von Jakob
Diemo, Dimo: Kurzformen von Dietmar
Dierk, Dirk: (niederdeutsch) Kurzformen von Dietrich
Dietbald: (althochdeutsch) Volk und kühn
Dietbert: (althochdeutsch) Volk und glänzend
Dietbrand: (althochdeutsch) Volk und Schwert
Dieter: Kurzform von Dietrich
Dietfried: (althochdeutsch) Volk und Schutz
Dietger: (althochdeutsch) Volk und Speer
Diethard: (althochdeutsch) Volk und hart
Diethelm: (althochdeutsch) Volk und Helm
Diether: (althochdeutsch) Volk und Heer
Dietleib: (althochdeutsch) frühere Form von Detlef

Dietmar: (althochdeutsch) Volk und groß, berühmt
Dietram: (althochdeutsch) Volk und Rabe
Dietrich: (althochdeutsch) Volk und Herrscher
Dietwald: (althochdeutsch) Volk und herrschen
Dietward: (althochdeutsch) Volk und Schutz
Dietz: (oberdeutsch) Kurzform von Dietrich
Diktus: Kurzform von Benediktus
Dimitri, Dimitrij: (russisch) Formen von Demetrius
Dino: (italienisch) Kurzform von Bernardino
Dionys, Dionysius: (griechisch) dem Dionysos geweihter
Dittmar: Nebenform von Dietmar
Dix: Kurzform von Benedikt
Dodo, Dudo: (ostfriesisch) Koseform von Ludolf
Dolf, Dolfes: Kurzformen von Adolf und Rudolf
Domenico: (italienisch) Form von Dominikus
Domingo: (spanisch) Form von Dominikus
Dominic: (englisch) Form von Dominikus
Dominik, Dominikus: (lateinisch) dem Herrn gehörend
Dominique: (französisch) Form von Dominikus
Don: (englisch) Kurzform von Donald
Donald: (keltisch, englisch) Herrscher der Welt
Donat, Donatus: (lateinisch) Geschenk Gottes
Dorian: (griechisch) von den Dorern
Douglas: (keltisch, englisch) dunkelblau
Dragan, Drago: (slawisch) der Liebe, Teure
Drewes, Dries: (niederdeutsch) Kurzformen von Andreas
Dustin: (englisch) Bedeutung unklar
Dwight: (altenglisch) der Weiße

E

Earl: (englisch) der Freie
Ebbo, Ebo: Kurzformen von Eberhard
Ebergard: (althochdeutsch) Eber und im Hort schützen
Eberhard: (althochdeutsch) Eber und hart
Ebermund: (althochdeutsch) Eber und Schutz
Eberwin: (althochdeutsch) Eber und Freund
Eberwolf, Eberolf: (althochdeutsch) Eber und Wolf
Eckart: Nebenform von Eckehard
Eckbert, Egbert, Egbrecht: (althochdeutsch) Ecke, Spitze und glänzend
Eckehard, Eckehart: (althochdeutsch) Ecke, Spitze und hart
Ed: (englisch) Kurzform von Edward
Eddie, Eddy: (englisch) Koseformen von Edward
Ede: Kurzform von Eduard
Edelbert: Neuform von Adalbert
Edelmar: Neuform von Adalmar
Edgar: (altenglisch) Besitz, Glück und Speer

Edmund: (altenglisch) Besitz, Glück und Schutz
Edoardo: (italienisch) Form von Eduard
Édouard: (französisch) Form von Eduard
Eduard: (altenglisch) Besitz, Glück und Beschützer
Edvard: (skandinavisch) Form von Eduard
Edward: (englisch) Form von Eduard
Edwin: (altenglisch) Besitz, Glück und Freund
Edzart: (friesisch) Form von Eckehart
Egge: (friesisch) Kurzform von Namen mit Egin-
Egid, Egidius: (griechisch) Schildhalter
Egil, Egilo: Kurzformen von Namen mit Egil-
Egilbert: Nebenform von Agilbert
Egilolf: Nebenform von Agilolf
Eginald: (althochdeutsch) Ecke, Spitze und herrschen
Eginhard: (althochdeutsch) Ecke, Spitze und hart
Egino: Kurzform von Namen mit Egin-
Eginolf: (althochdeutsch) Ecke, Spitze und Wolf
Egmont, Egmund: (niederländisch, niederdeutsch) Nebenformen von Agimund
Egolf: Nebenform von Egillolf
Egon: Nebenform von Egino
Ehm: (friesisch, niederdeutsch) Kurzform von Namen mit Egin-
Ehregott: pietistische Neubildung
Ehrenfried: Neubildung von Namen mit Erin- oder ähnlichen
Ehrhard, Erhard: (althochdeutsch) berühmt und hart
Eike, Eiko: (niederdeutsch) Kurzform von Namen mit Ecke-
Eilbert: Nebenform von Egilbert
Eilert: Nebenform von Eilhard

Eilhard, Eilard: Nebenformen von Agilhard
Eilmar: Nebenform von Agilmar
Einar: (altisländisch) der Einzelkämpfer
Einhard: Nebenform von Eginhard
Eitel: (altdeutsch) pur und rein, früher als Bei- und Doppelname gebräuchlich
Ekkehard: Nebenform von Eckehard
Elard: (niederdeutsch) Nebenform von Eilhard
Elbert: Nebenform von Egilbert und Eilbert
Eleasar: (hebräisch) Gottes Hilfe, biblischer Ursprung
Elger: Nebenform von Adalger
Eliano: (italienisch) Form von Elias
Elias: (hebräisch) Jahwe ist Gott, biblischer Ursprung
Eligius: (lateinisch) der Auserkorene
Elko: (niederdeutsch) Kurzform von Namen mit Egil- oder Agil-
Elliot: (englisch) Form von Elias
Elmar, Elmer: Kurzformen von Adalmar, Egilmar und Eilmar
Elmi, Elmo: Kurzformen von Elmar
Elmo: (italienisch) Kurzform von Erasmus
Elton: (altenglisch) aus dem Hofe
Elvis: (englisch) Form von Alwin
Emanuel: (griechisch, lateinisch) Form von Immanuel
Emeran, Emmeran: (althochdeutsch) Heim und Rabe
Emerich, Emmerich: (althochdeutsch) Heim und mächtig
Emil: (lateinisch) Form von Ämilius
Émile: (französisch) Form von Emil
Emilio: (italienisch, spanisch) Form von Emil
Emmo: Kurzform von Namen mit Eme- und Erm-
Enders, Endres: Nebenformen von Anders und Andres

Engelbert, Engelbrecht: (germanisch, althochdeutsch) aus dem Stamm der Angeln und glänzend
Engelfried: (germanisch, althochdeutsch) aus dem Stamm der Angeln und Schutz, Friede
Engelhard: (germanisch, althochdeutsch) aus dem Stamm der Angeln und hart, stark
Engelmar: (germanisch, althochdeutsch) aus dem Stamm der Angeln und berühmt, groß
Enno: (friesisch) Kurzform von Einhard und Eginhard
Enrice, Enrico: (spanisch, italienisch) Formen von Heinrich
Enzio, Enzo: (italienisch) Kurzformen von Enrico
Ephraim: (hebräisch) der Fruchtbare, biblischer Ursprung
Eraldo: (italienisch) Form von Harald
Erasmus: (griechisch) der Holde, Liebenswerte
Erdmann: Neubildung für Adam, evtl. Form von Hartmann?
Eric: (englisch) Form von Erich
Erich, Erik: (nordisch) mächtig und reich
Erkenbald: (althochdeutsch) edel und kühn
Erkenbert: (althochdeutsch) edel und glänzend
Erkenfried: (althochdeutsch) edel und Schutz, Friede
Erkengard: (althochdeutsch) edel und Hort, Schutz
Erkenwald: (althochdeutsch) edel und herrschen
Erland, Erlend: (nordisch) frei und edel
Erlfried: (althochdeutsch) frei, edel und Schutz, Friede
Erlwin: (althochdeutsch) frei, edel und Freund
Ermanno, Erminio: (italienisch) Formen von Hermann
Ermenbert: Nebenform von Irmbert
Ermenfried: Nebenform von Irmfried
Ermenhard: Nebenform von Irmenhard

Ermerich: (germanisch, althochdeutsch) groß, Herrscher und reich
Ernest: (englisch) Form von Ernst
Ernestino, Ernesto: (spanisch, italienisch) Formen von Ernst
Ernestinus, Ernestus: (latinisiert) Formen von Ernst
Erno: (italienisch) Kurzform von Ernesto
Ernst: (althochdeutsch) beharrlich, entschlossen
Errol: (englisch) Nebenform von Earl
Erwin: Neubildung von althochdeutsch Herwin
Erwino: (italienisch) Form von Erwin
Esra, Ezra: (hebräisch) Gott ist Hilfe, biblischer Ursprung
Ethelbert: (englisch) Form von Adalbert
Etienne: (französisch) Form von Stephan
Ettore: (italienisch) Form von Hektor
Etzel: (hochdeutsch) Form von Attila
Eugen: (griechisch) der Edelgeborene
Eugene, Eugéne: (englisch, französisch) Formen von Eugen
Eugenio: (italienisch) Form von Eugen
Eusebio: (spanisch) Form von Eusebius
Eusebius: (griechisch) der Fromme, Gottesfürchtige
Eustach, Eustachius: (griechisch) schön und fruchtbar
Evangelos: (griechisch) Bote, Engel
Evelyn: (englisch) von germanisch Ahne
Ewald: (althochdeutsch) Recht, Ordnung und herrschen
Ezzo: (italienisch) Nebenform von Adolfo

F

Fabian: (lateinisch) Weiterbildung von Fabius
Fabiano, Fabio: (italienisch, spanisch) Formen von Fabius
Fabien: (französisch) Form von Fabius
Fabius: (lateinisch) der Fabier, römischer Geschlechtername
Falk, Falke: Nebenformen von Falko
Falco, Falko: (althochdeutsch) der Falke, alter Beiname
Farfried, Ferfried: (althochdeutsch) fahren, reisen und Friede
Farmund, Fermund: (althochdeutsch) fahren, reisen und Schutz
Faustinus: Weiterbildung von Faustus
Faustus: (lateinisch) der Glücksbringer und römischer Beiname
Fedder, Feddo: (friesisch) Kurzformen von Friedrich
Fédéric, Frédéric: (französisch) Formen von Friedrich
Federico, Federigo: (italienisch, spanisch) Formen von Friedrich

Fedor, Feodor: Formen von russisch Fjodor
Felice: (italienisch) Form von Felix
Felipe: (spanisch) Form Philipp
Felix: (lateinisch) der Glückliche, römischer Beiname
Feodosi: (russisch) Form von Theodisus
Ferdi: Kurzform von Ferdinand
Ferdinand: (germanisch, spanisch) kühner Beschützer und wagemutig
Ferdl: (oberdeutsch) Kurzform von Ferdinand
Ferenc: (ungarisch) Form von Franz
Fernandez: (spanisch) Form von Ferdinand
Fernando: (italienisch) Form von Ferdinand
Ferry: (französisch) Kurzform von Frédéric
Fidel: (spanisch) Kurzform von Fidelius
Fidelis, Fidelius: (lateinisch) treu und zuverlässig
Fidelio: (italienisch) Form Fidelius
Fiete, Fietje: (niederdeutsch) Kurzformen von Friedrich
Filibert: (althochdeutsch) der Freund und glänzend
Filippo: (italienisch) Form von Philipp
Fips: Kurzform von Philipp
Firmin, Firminius: Weiterbildungen von Firmus
Firmus: (lateinisch) stark und standhaft
Fjodor: (russisch) Form von Theodor
Flavio, Flavius: (lateinisch) der Blonde, altrömischer Geschlechtername
Florens, Florenz: (lateinisch) blühend und glänzend
Florentin, Florentinus: Weiterbildungen von Florens
Flori: (oberdeutsch) Koseform von Florian
Florian, Florianus: (lateinisch) der Blühende und Prächtige
Florin, Florinus: Nebenformen von Florian

Flutus: (rätoromanisch) Form von Florian
Focke, Focko: (friesisch) Kurzformen von Namen mit Volk-
Folke, Folko: Kurzformen von Namen mit Volk-
Folker, Folkher: Nebenformen von Volker und Volkher
Fons, Fonsä: Kurzformen von Alfons
Fortunat, Fortunatus: (lateinisch) glücklich und gesegnet, altrömischer Beiname
Francesco: (italienisch) der Franzose
Francis: (englisch) Form von Franz
Franciszek: (polnisch) Form von Franz
Franco: (italienisch) Kurzform von Francesco
Francois: (französisch) Form von Franz
Franek, Frantek: (polnisch) Koseformen von Franciszek
Frank, Franko: (althochdeutsch) der Franke, Freie, alter Beiname
Franklin: (englisch, germanisch) Form von Franko
Frankobert: (althochdeutsch) Franke und glänzend
Frans: (niederländisch, schwedisch) Form von Franz
Franz: Kurzform von Franziskus, latinisiert von Francesco
Franziskus: (lateinisch) Form von italienisch Francesco
Fred: Kurzform von Namen mit Fred- oder -fred
Freddie, Freddy: (englisch) Kurzformen von Alfred und Frederick
Frederic, Frederick: (englisch) Formen von Friedrich
Frédéric: (französisch) Form von Friedrich
Frederich, Fredrich: (friesisch) Formen von Friedrich
Frederik: (niederdeutsch) Form von Friedrich
Fredo, Freddo: Nebenformen von Fred
Fredrik: (schwedisch) Form von Friedrich
Frek, Frerk: (niederdeutsch) Kurzformen von Frederik

Frerich: (friesisch) Kurzform von Frederich
Fridericus: (lateinisch) Form von Friedrich
Frido, Friddo: Kurzformen von Friedrich
Fridolin, Friedolin: (oberdeutsch) Kurzformen von Friedrich
Fried: Kurzform von Namen mit Fried-
Friedbert, Friedebert: (althochdeutsch) Schutz, Friede und glänzend
Friedebald: (althochdeutsch) Schutz, Friede und kühn
Friedel: Koseform von Namen mit Fried- oder -fried
Friedemann: (althochdeutsch) Schutz, Friede und Mann
Friedemar: (althochdeutsch) Schutz, Friede und berühmt
Friedemund: (althochdeutsch) Schutz, Friede und Recht
Friedewald, Friedwald: (althochdeutsch) Schutz, Friede und herrschen
Friedger, Friedeger: (althochdeutsch) Schutz, Friede und Speer
Friedhelm: (althochdeutsch) Schutz, Friede und Helm
Friedewart, Friedwart: (althochdeutsch) Schutz, Friede und hüten
Friedlieb: (althochdeutsch) Schutz, Friede und Rest, Überbleibsel
Friedrich: (althochdeutsch) Schutz, Friede und Herrscher
Frieso, Friso: (althochdeutsch) der Friese, alter Beiname
Frithjof, Fridtjof: (nordisch) Schutz, Friede und rauben
Fritz: Kurzform von Namen mit Fried-
Frodebert: (althochdeutsch) klug, weise und glänzend
Frodegard, Frogard: (althochdeutsch) klug, weise und schützen, wachen
Frodemund, Fromund: (althochdeutsch) klug, weise und Schutz

Frodewin, Frowein, Frowin: (althochdeutsch) klug, weise und Freund
Fulbert: Nebenform von Volbert
Fulke, Fulko: (friesisch) Kurzformen von Namen mit Volk-
Fürchtegott: pietistische Neubildung, Zweitname

G

Gábor: (ungarisch) Form von Gabriel
Gabriel: (hebräisch) Mann Gottes, biblischer Ursprung
Gabriele: (italienisch) Form von Gabriel
Gandolf, Gandulf: (althochdeutsch) zaubern und Wolf
Gangolf: umgekehrte Form von Wolfgang
Gard: (friesisch) Kurzform von Gerhard
Garlef, Garlieb: (niederdeutsch) Speer und Sohn, Nachkomme
Garrit, Gerrit: (friesisch) Kurzformen von Gerhard
Gary: (amerikanisch) Indianerstadt am Michigansee
Gaspard, Gasparé: (französisch) Formen von Kaspar
Gasparo: (italienisch, spanisch) Form von Kaspar
Gaston: (französisch) ungeklare Bedeutung, evtl. Neubildung von Vedastus?
Gaudenz, Gaudentius: (lateinisch) die Freude
Gauthier: (französisch) Form von Walther
Gawril, Gawrila: (russisch) Formen von Gabriel

Gebbert, Gebbo: (niederdeutsch) Formen von Gebhard
Gebhard: (althochdeutsch) geben und Härte, Stärke
Geert, Gerd, Gert: Kurzformen von Gerhard
Geo: Kurzform von Georg
Geoffrey: (englisch) Form von Gottfried
Geoffroy: (französisch) Form von Gottfried
Georg, Geórgios: (griechisch) der Bauer, Landmann
George: (englisch) Form von Georg
Georges: (französisch) Form von Georg
Gerald, Gerold: (althochdeutsch) Speer und herrschen
Geraldo, Giraldo: (italienisch) Formen von Gerald
Gérard: (französisch) Form von Gerhard
Géraud: (französisch) Form von Gerald
Gerbald, Gerbold: (althochdeutsch) Speer und kühn
Gerbert: (althochdeutsch) Speer und glänzend
Gerbod: (althochdeutsch) Speer und Bote
Gerbrand: (althochdeutsch) Speer und Schwert
Gereon: (griechisch) Ältester, Greis
Gerfried: (althochdeutsch) Speer und Frieden, Schutz
Gerhard, Gerhart: (althochdeutsch) Speer und hart, stark
Gerit, Gerrit: (friesisch) Kurzformen von Gerhard
Gerke, Gerko: (friesisch) Kurzformen von Namen mit Ger-
German, Germanus: (lateinisch) der Germane, alter Beiname
Germar: (althochdeutsch) Speer und groß, berühmt
Germo: Kurzform von Germar
Gernot: (althochdeutsch) Speer und bedrängt, Gefahr
Gero: Kurzform von Namen mit Ger-
Gerolf: (althochdeutsch) Speer und Wolf
Gerwald: Nebenform von Gerald

Gerwin: (althochdeutsch) Speer und Freund
Géza: (ungarisch) unklare Bedeutung
Gherardo: (italienisch) Form von Gerhard
Gian, Gianni: (italienisch) Kurzformen von Giovanni
Gideon, Gedeon: (hebräisch) Krieger, Zerstörer
Gil, Gils: Kurzformen von Ägilius, Gilbert
Gilbert: Nebenform von Giselbert, Gisbert
Gilbrecht: Nebenform von Gieselbrecht, Giselbert
Giovanni: (italienisch) Form von Johannes
Gisbert, Gisbrecht: Kurzformen von Giselbert, Gieselbrecht
Giselbert, Giselbrecht: (althochdeutsch) adlig, Geisel und glänzend
Giselher: (althochdeutsch) adlig, Geisel und Heer, Kämpfer
Giselmar, Gismar: (althochdeutsch) adlig, Geisel und berühmt, verkünden
Giselmund: (althochdeutsch) adlig, Geisel und Schutz
Giso: Kurzform von Namen mit Gis-
Giuliano, Giulio: (italienisch) Formen von Julius
Giuseppe: (italienisch) Form von Joseph
Glaubrecht: pietistische Neubildung
Glen, Glenn: (keltisch, englisch) dunkles Tal
Glorius: (lateinisch) Ruhm und Ehre
Godehard: (niederdeutsch) Form von Gotthard
Godo, Golo: Kurzformen von Namen mit Gode-
Godwin: (niederdeutsch) Form von Gottwin
Gontard: Nebenform von Gunthard
Göran: (schwedisch) Form von Georg, Jürgen
Goran: (serbokroatisch) Form von Georg, Jürgen
Gordon: (altenglisch) von den Spitzen, schottischer Familienname

Gordy: (englisch) Kurzform von Gordon
Gorch: (niederdeutsch) Form von Georg
Gosbert: (althochdeutsch) Gote und glänzend
Goswin: (althochdeutsch) Gote und Freund
Gottbert: (althochdeutsch) Gott und glänzend
Gottfried: (althochdeutsch) Gott und Friede, Schutz
Gotthard: (althochdeutsch) Gott und hart, stark
Gotthelf, Gotthilf, Gotthold, Gottlieb, Gottlob: pietistische Neubildungen
Gottwald: (althochdeutsch) Gott und herrschen
Gottwin: (althochdeutsch) Gott und Freund
Götz: Kurzform von Namen mit Gott-
Graham: (altenglisch) aus dem grauen Haus
Gratian, Gratianus, Grazian: (lateinisch) der Anmutige
Gregoire: (französisch) Form von Gregor
Gregor, Gregorius: (griechisch) rege und wachsam
Gregorio, Grigorio: (spanisch, italienisch) Formen von Gregor
Gregory: (englisch) Form von Gregor
Grigori, Grigorij: (russisch) Formen von Gregor
Grimbert: (altenglisch, althochdeutsch) Helm, Maske und glänzend
Grimwald: (altenglisch, althochdeutsch) Helm, Maske und herrschen
Grischa: (russisch) Kurzform von Grigori Guglielmo: (italienisch) Form von Wilhelm
Guide: (französisch) Form von Guido
Guido: (romanisch) Form von Wido
Guilbert: (französisch) Form von Wilbert
Guillaume: (französisch) Form von Wilhelm

Guillermo: (spanisch) Form von Wilhelm
Guiscard, Guiskard: (fränkisch) kühn, tapfer und weise
Gumpert, Gumprecht: Nebenformen von Guntbert
Gunar, Gunnar: (skandinavisch) Formen von Günter
Gundobald: (althochdeutsch) Kampf und kühn
Gundobert: Nebenform von Guntbert
Gundolf: (althochdeutsch) Kampf und Wolf
Guntbert, Guntbrecht: (althochdeutsch) Kampf und glänzend
Gunter, Gunther: Nebenformen von Günter
Günter, Günther: (althochdeutsch) Kampf und Heer
Guntfried: (althochdeutsch) Kampf und Schutz, Friede
Gunthard: (althochdeutsch) Kampf und hart, stark
Guntmar: (althochdeutsch) Kampf und berühmt, groß
Guntram: (althochdeutsch) Kampf und Rabe
Guntwin: (althochdeutsch) Kampf und Freund
Gus, Gustel, Gusti: Kurz- und Koseformen von August, Gustav
Gustaf, Gustav: (altschwedisch) Gott und Stütze
Gustave: (französisch) Form von Gustav
Gustavo: (spanisch) Form von Gustav
Guy: (englisch, französisch) Formen von Guido
György: (ungarisch) Form von Georg
Gyula: (ungarisch) Form von Julius

[illegible]

[illegible]

[illegible]

H

Hadamar, Hademar: (althochdeutsch) Kampf und berühmt, groß
Hadewin, Hadwin: (althochdeutsch) Kampf und Freund
Hadrian: (lateinisch) ältere Form von Adrian
Hagen: (althochdeutsch) umfriedetes Land, Schutz
Haiko, Heiko: (friesisch) Kurzformen von Heinrich
Haimo, Heimo: Kurzformen von Namen mit Heim-
Hajo: (friesisch) Kurzform von Hagen, Hansjoachim
Hakon: (nordisch) unklare Bedeutung, evtl. Form von Hagen
Hanjo: Kurzform von Hansjoachim, Hansjosef
Hanjörg, Hansjörg: (niederdeutsch) Formen von Hansgeorg
Hanke, Hanko: (niederdeutsch) Kurzformen von Johannes
Hannes, Hanno: Nebenformen von Johannes
Hans, Hanns: beliebteste Kurzformen von Johannes
Hansdieter: Doppelname aus Hans und Dieter

Hänsel, Hansel, Hansi: Koseformen von Hans
Hansgeorg: Doppelname aus Hans und Georg
Hansgerd: Doppelname aus Hans und Gerhard
Hansjoachim: Doppelname aus Hans und Joachim
Hansjoseph: Doppelname aus Hans und Joseph
Hansjürgen: Doppelname aus Hans und Jürgen
Hanswilli: Doppelname aus Hans und Willi
Harald: (skandinavisch) Form von Harold
Harbert: (friesisch) Form von Herbert
Hard, Hardi, Hardo, Hardy: Kurzformen von Namen mit Hart- und -hard
Haribert: Nebenform von Herbert
Hariolf, Hariulf: (althochdeutsch) Heer und Wolf
Harm, Harmen: (friesisch) Formen von Hermann
Harms, Herms: (friesisch) Sohn vom Harm
Haro, Harro: (friesisch) Kurzformen von Harmen und Harbert
Harold, Herold: (althochdeutsch) Heer und herrschen
Harry: (englisch) Nebenform von Henry
Hartlieb: (althochdeutsch) hart, kühn und lieb
Hartmann: (althochdeutsch) hart, kühn und Mann
Hartmut: (althochdeutsch) hart, sinnlich mit Geist und Gemüt
Hartwig, Hertwig: (althochdeutsch) hart, kühn und Kampf
Hartwin: (althochdeutsch) hart, kühn und Freund
Harvey: (englisch) Bedeutung unklar
Hasko: (friesisch) Koseform von Hasso
Hasso: (althochdeutsch) der Hesse, alter Beiname
Hatto, Hado: Kurzformen von Namen mit Had-
Haug, Hauke: (friesisch) Nebenformen von Hugo

Haymo, Haimo, Heimo: Kurzformen von Namen mit Heim-
Heike, Heiko, Haiko: (friesisch) Kurzformen von Heinrich
Heilko, Heilo: (friesisch) Kurzformen von Namen mit Heil-
Heilmar: (althochdeutsch) heil, gesund und groß, berühmt
Heilmut, Heilmuth: (althochdeutsch) gesund, heil und Sinn, Gemüt
Heilwig, Helwig: (althochdeutsch) gesund, heil und Kampf
Heimbrecht: (althochdeutsch) Haus, Heim und glänzend
Heimeran: (althochdeutsch) Haus, Heim und Rabe
Heimerich, Heimrich: (althochdeutsch) Haus, Heim und mächtig, reich
Heimfried: (althochdeutsch) Haus, Heim und Friede, Schutz
Heimito: Koseform von Heimo
Heimo, Haimo, Haymo: Kurzformen von Namen mit Heim-
Hein: (niederdeutsch) Kurzform von Heinrich
Heiner, Heino: Kurzformen von Heinrich
Heinfried: Zusammensetzung aus Namen mit Hein- und Fried-, -fried
Heini: Koseform von Heinrich
Heinke, Heinko: (niederdeutsch) Kurzformen von Heinrich
Heinrich: (althochdeutsch) Einfriedung und herrschen, mächtig, reich
Heintje: (niederdeutsch) Kurzform von Heinrich
Heinz: Kurzform von Heinrich
Heinzjakob: Doppelname aus Heinz und Jakob
Heinzpeter: Doppelname aus Heinz und Peter
Heinzwilli: Doppelname aus Heinz und Willi
Heio, Haio, Hayo: (friesisch) Kurzformen von Namen mit Hein-
Hektor: (griechisch) der Anker, Name aus der Ilias

Helfgott: pietistische Neubildung
Helfried, Hellfried: Nebenformen von Helmfried
Helge, Helgi: (skandinavisch) heilig, geweiht
Helmar, Hilmar: Nebenformen von Heil- oder Hildemar
Helmbrecht: (althochdeutsch) Helm und glänzend
Helmfried: (althochdeutsch) Helm und Friede, Schutz
Helmke, Helmko, Helmo: Kurzformen von Namen mit Helm- und -helm
Helmold: (althochdeutsch) Helm und herrschen
Helmut, Helmuth, Hellmuth: (althochdeutsch) Helm und Gemüt, Weiterbildung von Heilmut, Hildemut?
Helmward, Helmwart: (althochdeutsch) Helm und hüten, schützen
Hendrik, Henrik: (niederdeutsch, schwedisch) Formen von Heinrich
Henne, Henner, Henno: Kurzformen von Heinrich und Johannes
Hennes: (rheinisch) Kurzform von Johannes
Hennig, Henning: (niederdeutsch) Kurzformen von Heinrich und Johannes Henri: (französisch) Form von Heinrich
Henricus, Hendricus: (lateinisch) Formen von Heinrich
Henry: (englisch) Form von Heinrich
Hérauld: (französisch) Form von Harold
Herbald: (althochdeutsch) Heer und kühn
Herbert, Heribert: (althochdeutsch) Heer und glänzend
Herman: (englisch) Form von Hermann
Hermann, Herrman: (althochdeutsch) Heer und Mann, Krieger
Hernando: (spanisch) Form von Ferdinand
Hero: Kurzform von Herold und griechische Sagengestalt

Herward: (althochdeutsch) Heer und hüten, schützen
Herwig: (althochdeutsch) Heer und Kampf
Hias: (oberdeutsch) Kurzform von Matthias
Hieronymus: (griechisch) Mann mit heiligem Namen
Hilar, Hilarius: (lateinisch) heiter und fröhlich
Hilbert, Hilpert: Kurzform von Hildebert
Hildebert, Hildebrecht: (althochdeutsch) Kampf und glänzend
Hildebrand, Hilbrand: (althochdeutsch) Kampf und Schwert
Hildefons: (althochdeutsch) Kampf und eifrig, bereit, willig
Hildeger: (althochdeutsch) Kampf und Speer
Hildemar: (althochdeutsch) Kampf und berühmt, groß
Hildemut: (althochdeutsch) Kampf und Sinn, Geist
Hilderich: (althochdeutsch) Kampf und reich, mächtig
Hilger: Kurzform von Hildeger
Hinnerk: (niederdeutsch) Koseform von Heinrich
Hinrich: (niederdeutsch) Form von Heinrich
Hinz: Nebenform von Heinz
Hiob: (hebräisch) Name aus der Bibel, Bedeutung unklar
Hippo: (friesisch) Kurzform von Hippolyt
Hippolyt, Hippolytus: (griechisch) der die Pferde freiläßt
Hjalmar: (altisländisch) Helm und Heer, Krieger
Hoimar: (althochdeutsch) Bedeutung unklar, evtl. berühmt, groß?
Holger: (nordisch) Insel und Speer
Holm: (nordisch) von der Insel
Honorius: (lateinisch) der Geehrte
Honoré: (französisch) Form von Honorius
Horatio, Horatius: (lateinisch) Bedeutung unklar
Horst: (altdeutsch) der aus dem Dickicht

Horstmar: Neubildung aus Horst und von Namen auf -mar
Hosea: (hebräisch) Hilfe, Rettung, Name aus der Bibel
Howard: (englisch) Form von Hubert
Hubert: Kurzform von Hugbert, Hugubert
Hubertus: (lateinisch) Form von Hubert
Hugbald: (althochdeutsch) Verstand, Geist und kühn
Hugbert: (althochdeutsch) Verstand, Geist und glänzend
Hugdietrich: Doppelname aus Hugo und Dietrich
Hugh, Hughes: (englisch) Form von Hugo
Hugo: Kurzform von Namen mit Hug-
Hugues: (französisch) Form von Hugo
Huldreich: Umbildung von Uldricus (Ulrich)
Humbert, Humbrecht: (althochdeutsch) Bedeutung unklar, evtl. glänzender Bursche?
Humfried: (althochdeutsch) Bedeutung unklar, evtl. friedlicher Bursche?
Humphrey, Humfrey: (englisch) Form von Humfried
Hunfried: (althochdeutsch) Bedeutung unklar, evtl. groß und Friede, Schutz?
Hunold: (althochdeutsch) Bedeutung unklar, evtl. groß und herrschen?
Huschke: (slawisch) Koseform von Johannes
Hyazinth, Hyacinthus: (griechisch) Bedeutung unklar, Name aus der griechischen Sage

I

Ian: (englisch, schottisch) Form von John
Ib: (dänisch) Kurzform von Jakob
Ibi, Ibo: (friesisch) Kurzformen von Herbert
Ibrahim: (arabisch) Form von Abraham
Idris: (keltisch) Herr und Leidenschaft
Igino: (italienisch) gesund und munter
Ignatius: (lateinisch) der Feurige
Ignaz: (süddeutsch) Nebenform von Ignatius
Igor: (russisch) Form von Ingwar
Ildefons: Nebenform von Hildefons
Ilja: (russisch) Form von Elias
Illo: Kurzform von Namen mit Egil-
Immanuel: (hebräisch) Gott mit uns, Name aus der Bibel
Immo: Kurzform von Namen Im- oder Irm-
Imre: (ungarisch) Form von Emmerich
Ingbert: Nebenform von Ingobert
Ingemar, Ingmar: (schwedisch) Nebenformen von Ingomar

Ingo: Kurzform von Namen mit Ingo-
Ingobert: (germanisch, althochdeutsch) Stammesgottheit und glänzend
Ingold: (germanisch, althochdeutsch) Stammesgottheit und herrschen
Ingolf: (germanisch, althochdeutsch) Stammesgottheit und Wolf
Ingomar: (germanisch, althochdeutsch) Stammesgottheit und groß, berühmt
Ingram: (germanisch, althochdeutsch) Stammesgottheit und Rabe
Ingwar, Ingvar: (nordisch) Gottheit und Heer
Ingwin: (germanisch, althochdeutsch) Stammesgottheit und Freund
Innozenz, Innocentius: (lateinisch) der Unschuldige
Irmfried: (germanisch, althochdeutsch) Stammesname und Friede, Schutz
Irvin, Irving: (keltisch, englisch) unklare Bedeutung, evtl. der Weiße oder der vom Fluß Irvine?
Isaak: (hebräisch) lachend, heiter, Name aus der Bibel
Isbert, Isenbert: (althochdeutsch) Eisen und glänzend
Isfried, Isenfried: (althochdeutsch) Eisen und Friede, Schutz
Isger, Isenger: (althochdeutsch) Eisen und Speer
Isidor, Isidoros: (griechisch) Geschenk der Isis
Ismael: (hebräisch) Gott hört, Name aus der Bibel
Ismar, Isenmar: (althochdeutsch) Eisen und groß, berühmt
Iso: Kurzform von Namen mit Is- oder Isen-
Israel: (hebräisch) Gottes Kampf, Name aus der Bibel
István: (ungarisch) Form von Stephan
Ivan, Iwan: (russisch) Formen von Johannes

Ivar, Iwar: (skandinavisch) Nebenformen von Ingwar
Ivo, Iwo: (althochdeutsch) unklare Bedeutung, evtl. aus Eibenholz?

J

Jack: (englisch) Form von Jakob und Johannes
Jacob, Jakob, Jakobus: (hebräisch) Gott schützt oder Fersenhalter?, Name aus der Bibel
Jacques: (französisch) Form von Jakob
Jago, Jaime: (spanisch) Formen von Jakob
James: (englisch) Form von Jakob
Jan: (niederdeutsch, slawisch) Form von Johannes
Janko: (slawisch) Koseform von Jan
János, Janosch: (ungarisch) Formen von Johannes
Jarl: (schwedisch) der Freie und Fürst
Jaro, Jesko: (slawisch) Kurzformen von Jaromir und Jaroslaw
Jaromir: (slawisch) heftig, mutig, eifrig und Frieden
Jaroslaw: (slawisch) heftig, mutig, eifrig und Ehre, Ruhm
Jascha: (russisch) Form von Jakob
Jasper: (englisch) Form von Kaspar
Jean: (französisch) Form von Johannes

Jeff: (englisch) Kurzform von Jeffrey
Jeffrey: (englisch) Form von Gottfried
Jenö: (ungarisch) Form von Eugen
Jens: (friesisch, dänisch) Kurzform von Johannes
Jeremias: (hebräisch) Gott erhöht, Name aus der Bibel
Jeremy: (englisch) Form von Jeremias
Jérôme: (französisch) Form von Hieronymus
Jerrit: (friesisch) Nebenform von Gerrit
Jim, Jimi, Jimmy: (englisch) Kurz- und Koseformen von James
Jiri, Jirij: (slawisch) Formen von Georg
Jo: Kurzform von Namen mit Jo-
Joachim: (hebräisch) von Gott aufgerichtet
Joakim: Nebenform von Joachim
Job: (hebräisch) Nebenform von Hiob
Jobst: (keltisch, hebräisch) Vermischung von Jodokus und Hiob
Jochem, Jochen: Kurzformen von Joachim
Jockel: Koseform von Jakob
Jodok, Jodokus: (keltisch) Krieger
Joe: (englisch) Kurzform von Joseph
Joel: (hebräisch) Jahwe, Jehova ist Gott
Johann: Kurzform von Johannes
Johannes: (hebräisch) Gott der Herr ist gnädig
John: (englisch, niederdeutsch) Form von Johann, Johannes
Johnny, Jonny: (englisch) Koseformen von John
Jonas: (hebräisch) die Taube, Name aus der Bibel
Jonathan: (hebräisch) Gott hat gegeben, Name aus der Bibel
Jöran: (schwedisch) Nebenform von Göran

Jordan: (hebräisch) herabfließend, Name aus der Bibel
Jorg, Jörg, Jürg: Kurzformen von Georg und Jürgen
Jorge: (spanisch) Form von Georg
Jörgen: (dänisch) Form von Jürgen
Joris: (friesisch) Form von Georg oder Gregor
Jorit, Jorrit: Herkunft und Bedeutung unklar
Jörn, Jürn: (niederdeutsch) Kurzformen von Jürgen
Jörn-, Jürnjakob: Doppelnamen aus Jörn, Jürn und Jakob
Joscha, Joschka: (russisch) Kurz- und Koseformen von Aljoscha
José: (spanisch) Form von Josef
Josef, Joseph: Gott möge vermehren, aus der Bibel
Joschua, Josua: (hebräisch) der Herr ist Rettung, Hilfe, aus der Bibel
Josias: (hebräisch) Gott heilt
Josip: (slawisch) Form von Joseph
Jost, Joost: (altfranzösisch) Formen von Josse (Jodokus)
Joubert: (französisch) Form von Gosbert
Jourdain: (französisch) Form von Jordan
Józef: (polnisch) Form von Joseph
Juan: (spanisch) Form von Johannes
Jules, Julien: (französisch) Formen von Julius und Julian
Julian: Weiterbildung von Julius
Julio: (spanisch) Form von Julius
Julius: (lateinisch) der Julier, altrömischer Geschlechtername
Jupp: (rheinisch) Kurzform von Joseph
Jurek: (slawisch) Form von Georg
Jürgen: (niederdeutsch) Form von Georg
Juri, Jurij: (russisch) Formen von Georg

Just: Kurzform von Justus
Justin: Kurzform von Justinus
Justinian, Justinianus: (lateinisch) Weiterbildungen von Justinus
Justinus: (lateinisch) rechtschaffen, gerecht und redlich
Justus: (lateinisch) der Gerechte

K

Kai, Kay: Herkunft und Bedeutung unklar, als Doppelname gebräuchlich
Kajetan: (lateinisch) aus Gaeta stammend
Kajus, Cajus: Nebenform von lateinisch Gaius
Kalle: (nordisch) Koseform von Karl
Kálmán: (ungarisch) Form von Koloman
Karel: (niederländisch, tschechisch) Form von Karl
Karl, Carl: (althochdeutsch) freier Mann
Karlheinz: Doppelname aus Karl und Heinz
Karlludwig: Doppelname aus Karl und Ludwig
Karlmann: (althochdeutsch) Koseform von Karl (Karlchen)
Karol: (polnisch) Form von Karl
Károly: (ungarisch) Form von Karl
Karsten, Kersten, Carsten: (niederdeutsch) Formen von Christian
Kasimir: (slawisch) Friedensstifter, -verkünder
Kaspar, Caspar: (persisch) Hüter des Schatzes

Kastor, Castor: (griechisch) griechische Sagengestalt
Keith: (englisch) Bedeutung unklar
Kenneth: (keltisch, englisch) anständig, hübsch, flink
Keno: Kurzform von Konrad
Kermit: (keltisch, amerikanisch) freier Mann
Kester: (englisch) Kurzform von Christopher
Kevin: (keltisch, englisch) höflich, anmutig
Kilian: (keltisch) unklare Bedeutung, Mann der Kirche?
Kim: (keltisch, englisch) unklare Bedeutung, evtl. der Führer?
Kirk: (englisch, germanisch) Kirche
Kirila: (russisch) Form von Kyrill
Kit, Kid: (englisch) Kurzformen von Christopher
Kjeld: (nordisch) Helm, Kessel
Klaas, Klas, Claas: (niederdeutsch) Kurzformen von Nikolaus
Klaus, Claus: Kurzformen von Nikolaus Klausdieter: Doppelname aus Klaus und Dieter
Klytus, Clytus: (griechisch) der Berühmte
Knud, Knut: (nordisch) keck, wagemutig
Kolja: (russisch) Koseform von Nikolaij
Konni, Konny: Koseformen von Konrad
Konrad: (althochdeutsch) kühn, tapfer und Ratgeber
Konradin: Erweiterung von Konrad
Konstantin, Constantin: (lateinisch) standhaft
Korbinian, Corbinian: Herkunft und Bedeutung unklar, evtl. keltisch
Kord, Kort, Cord: (niederdeutsch) Neben- und Kurzformen von Konrad und Kurt
Kornelius, Cornelius: (lateinisch) der Cornelier, römischer Geschlechtername

Kosimo: Nebenform von Cosimo
Kosmas: (griechisch) ordentlich, sittsam
Kraft: (althochdeutsch) kräftig und mächtig, früherer Beiname
Krispin, Krispinus: (lateinisch) Krauskopf
Kristian: (nordisch) Form von Christian
Kristof: (nordisch) Form von Christoph
Kunibert: (althochdeutsch) Geschlecht, Familie und glänzend
Kuno: Kurzform von Konrad und von Namen mit Kuni-
Kurt, Curt, Curd: Kurzformen von Konrad
Kyrill, Kyrillus: (griechisch) zum Herrn gehörend

L

Ladewig: (niederdeutsch) Form von Ludwig
Ladislaus: (lateinisch) Form von Wladislaw
Lajos: (ungarisch) Form von Ludwig
Lambert: (althochdeutsch) Land und glänzend
Lambrecht, Lamprecht: Nebenformen von Lambert
Lancelot, Lanzelot: (altenglisch, französisch?) Bedeutung unklar, englische Sagengestalt
Landfried: (althochdeutsch) Land und Schutz, Friede
Lando: Kurzform von Namen mit Land-
Landolf, Landulf: (althochdeutsch) Land und Wolf
Landolin, Landelin: Weiterbildungen von Lando
Landolt: (althochdeutsch) Land und herrschen, walten
Landrich, Landerich: (althochdeutsch) Land und mächtig, reich
Landuin: Nebenform von Landwin
Landwin, Landewin: (althochdeutsch) Land und Freund
Larry: (englisch) Kurzform von Lawrence

Lars: (nordisch) Kurzform von Laurentius
Lasse: (schwedisch) Koseform von Lars
Lázló: (ungarisch) Form von Ladislaus
Laurens, Laurenz: Kurzformen von Laurentius
Laurence, Lawrence: (englisch) Formen von Laurentius
Laurent: (französisch) Form von Laurentius
Laurentius: (lateinisch) aus Laurentum stammend und Lorbeerkranz
Laurids, Laurits: (dänisch, schwedisch) Formen von Laurentius
Laurin: Bedeutung und Herkunft unklar, Sagengestalt
Lauritz: (niederdeutsch) Form von Laurids
Lavrentij, Lawrenti: (russisch) Formen von Laurentius
Lazar, Lazarus: (lateinisch) Form von Eleasar
Leander: (griechisch) Mann aus dem Volk, Sagengestalt
Leberecht, Lebrecht: pietistische Neubildungen, als Beiname
Lee: (englisch) Bedeutung unklar, evtl. Form von Leo?
Leif: (nordisch) Sohn, Erbe
Len, Lenni, Lenny: (englisch) Formen von Leonhard
Lenard, Lenhard: Nebenformen von Leonhard
Lennart, Linnart: (schwedisch) Formen von Leonhard
Lenz: Kurzform von Laurenz und Lorenz
Leo: (lateinisch) Löwe und Kurzform von Namen mit Leo-
Leon: Kurzform von Leonhard
Léon, Léonard: (französisch) Formen von Leo und Leonhard
Leonard: (englisch) Form von Leonhard
Leonardo, Lionardo: (italienisch) Formen von Leonhard
Leone: (spanisch) Form von Leonhard
Leonhard: (lateinisch, althochdeutsch) Löwe und hart, kühn

Leonid, Leonidas: (russisch, griechisch) Löwensohn
Leopold: (althochdeutsch) Volk und kühn, Weiterentwicklung von Luitbald
Leslie: (keltisch, englisch) unklare Bedeutung, evtl. im grauen Fort?
Lester: (englisch) unklare Bedeutung, evtl. von Leicester?
Leupold: Nebenform von Leopold
Levi, Levis: (hebräisch) der Begleiter
Levin, Lewin: (niederdeutsch) Nebenform von Liebwin
Lew: (russisch) Form von Leo
Lewis: (englisch) Form von Ludwig
Lex: Kurzform von Alexander
Liborius: (lateinisch) unklare Bedeutung, evtl. Geweihter?
Liebfried: (althochdeutsch) lieb und Friede, Schutz
Liebhard: (althochdeutsch) lieb und hart, kühn
Liebwin: (althochdeutsch) lieb und Freund
Lienhard: (oberdeutsch) Nebenform von Leonhard
Linus: (griechisch) Bedeutung unklar, evtl. klagen, beklagen, betrauern?
Lion: (englisch) Löwe, auch Nebenform von Leo
Lionel: (englisch) Koseform von Lion
Livio: (italienisch) Form von Livius
Livius: (lateinisch) der Livier, altrömischer Geschlechtername
Lodewik, Lowik: (niederdeutsch) Formen von Ludwig
Lois, Loisl: (oberdeutsch) Kurz- und Koseform von Alois
Lorenz: Weiterentwicklung von Laurentius
Lorenzo: (italienisch) Form von Lorenz
Lothar, Lotar: (althochdeutsch) berühmt und Heer, Held
Lou: Kurzform von Louis

Louis: (französisch) Form von Ludwig
Lovis, Lowis: (niederdeutsch) Formen von Ludwig
Luc: (französisch) Form von Lukas
Luciano: (italienisch) Form von Lucius
Lucianus: Weiterbildung von Lucius
Lucien: (französisch) Form von Lucianus
Lucius, Luzius: (lateinisch) leuchtend, glänzend
Lucretius, Lukretius: (lateinisch) der Lucretier, altrömischer Geschlechtername
Lüder: (niederdeutsch) Form von Lotar
Ludger: (westfälisch) Nebenform von Luitger
Ludo, Lude, Lüde: (friesisch) Kurzformen von Namen mit Lud- oder Lui-
Ludolf: (sächsisch) Nebenform von Luitolf
Ludovico, Luigi: (italienisch) Formen von Ludwig
Ludvig: (schwedisch) Form von Ludwig
Ludwig: (althochdeutsch) berühmt und Kampf, Krieg
Luis: eingedeutschte Kurzform von Louis
Luis, Luiz: (spanisch) Formen von Ludwig
Luidolf, Luitolf: (althochdeutsch) Volk und Wolf
Luitbald: (althochdeutsch) Volk und kühn
Luitbert, Luitbrecht: (althochdeutsch) Volk und glänzend
Luitbrand, Luitprand: (althochdeutsch) Volk und Schwert
Luitfried: (althochdeutsch) Volk und Frieden
Luitger: (althochdeutsch) Volk und Speer
Luithard: (althochdeutsch) Volk und hart, stark
Luither: (althochdeutsch) Volk und Heer
Luitpold: Nebenform von Leopold
Luitwin: (althochdeutsch) Volk und Freund
Lukas, Lucas: (lateinisch) aus Lucanien stammend

Luke: (englisch) Form von Lukas
Lutter, Luther: Nebenformen von Lothar
Lutz: Kurzform von Ludwig
Lux: Kurzform von Lukas
Lysander: (griechisch) der Freigelassene

M

Mac: (schottisch) Sohn
Magnus: (lateinisch) der Große
Maik, Meik: eingedeutschte Form von Mike
Malcolm: (keltisch, englisch) unklare Bedeutung, evtl. Diener einer Heiligen?
Malte: (dänisch) unklare Bedeutung, evtl. Form von Helmwald?
Manfred, Manfried: (althochdeutsch) Mann und Friede, Schutz
Manfredo, Manfredi: (italienisch) Formen von Manfred
Manolito: (spanisch) Koseform von Manolo
Manolo, Manuel: (spanisch) Formen von Emanuel
Manuel: Kurzform von Emanuel
Marald, Marwald: (althochdeutsch) Pferd und herrschen, walten
Marbod: (althochdeutsch) Pferd und gebieten, darreichen
Marc: (französisch) Form von Markus

Marcel: (französisch) Form von Marzellus
Marcello: (italienisch) Form von Marcellus
Marcellus: (lateinisch) Weiterbildung von Marcus
Marco: (italienisch, spanisch) Form von Markus
Marek: (slawisch) Form von Marcus
Marian: Weiterbildung von Marius
Marinus: (lateinisch) zum Meer gehörend
Mario: (italienisch) Form von Marius
Marius: (lateinisch) aus dem Geschlecht der Marier, altrömischer Geschlechtername
Mark, Marko: Kurzformen von Markus und von Namen mit Mark-
Marko: eingedeutschte Form von Marco
Markolf: (althochdeutsch) Grenze und Wolf
Markus, Marcus: (lateinisch) der Kriegerische, zum Gott Mars gehörend
Markward, Markwart: (althochdeutsch) Grenze und schützen, hüten
Marlon: (englisch) unklare Bedeutung, evtl. Form von Merlin?
Marquard: Nebenform von Markwart
Marten, Märten, Merten: (niederdeutsch) Formen von Martin
Martin, Martinus: (lateinisch) der Kriegerische, Sohn des Mars
Marvin, Marwin: (englisch, althochdeutsch) berühmt und Freund
Massimo: (italienisch) Form von Maximilian
Mat, Matty: (englisch) Kurz- und Koseform von Mathew
Mathew: (englisch) Form von Matthias

Mathieu: (französisch) Form von Matthias
Mathis: Nebenform von Matthias
Mats: (schwedisch) Kurzform von Matthias
Matteo: (italienisch) Form von Matthias
Matthäus: Nebenform von Matthias
Matthias: (hebräisch) Geschenk Jahwes, Gottes
Matti: (finnisch) Form von Matthias
Mattes, Mäthes: (rheinisch) Formen von Matthias
Maurice: (französisch) Form von Moritz
Mauricio, Maurizio: (italienisch) Formen von Moritz
Mauritius, Maurus: (lateinisch) aus Mauretanien stammend
Max, Maxi: Kurz- und Koseform von Maximilian
Maxim: (russisch) Form von Maximilian
Maximilian, Maximilianus: (lateinisch) der Größte, altrömischer Geschlechtername
Maximo: (spanisch) Form von Maximilian
Maxwell: (altenglisch, keltisch) von der Quelle des Maccus (Markus)
Meinald, Meinold, Meinhold: (althochdeutsch) kräftig, mächtig und herrschen, walten
Meinhard: (althochdeutsch) kräftig, mächtig und hart
Meino: (friesisch) Kurzform von Namen mit Mein-
Meinolf, Meinulf: (althochdeutsch) kräftig, mächtig und Wolf
Meinrad: (althochdeutsch) kräftig, mächtig und Ratgeber
Meir, Meijer: (hebräisch) leuchtend
Melcher: umgangssprachliche Nebenform von Melchior
Melchior: (hebräisch) König des Lichts
Merlin: (französisch, keltisch) Falke und Sagengestalt
Micha, Michel: Kurzformen von Michael

Michael: (hebräisch) wer ist wie Gott
Michail: (russisch) Form von Michael
Michel: (französisch) Form von Michael
Michele: (italienisch) Form von Michael
Mickel, Mikael: (schwedisch) Formen von Michael
Mies: (niederdeutsch) Kurzform von Bartholomäus
Miguel: (spanisch) Form von Michael
Mihály: (ungarisch) Form von Michael
Mike: (englisch) Kurzform Michael
Mikesch, Mikosch: (slawisch) Nebenformen von Nikolaus
Miklós: (ungarisch) Form von Nikolaus
Mikula: (russisch) Zusammensetzung aus Michail und Nikolaj
Miles: (englisch) unklare Bedeutung, evtl. Nebenform von Milton?
Milko: (slawisch) Kurzform von Miloslaw
Miloslav, Miloslaw: (slawisch) angenehm, lieb und Ruhm, Ehre
Milton: (englisch) aus der Mühle
Mirko: (slawisch) Kurzform von Miroslaw
Miroslaw: (slawisch) Friede und Ruhm, Ehre
Mischa: (russisch) Koseform von Michail
Mitch: (englisch) Kurzform von Mitchell
Mitchell: (englisch) Nebenform von Michael
Mitja: (russisch) Koseform von Dimitri
Modest, Modestus: (lateinisch) bescheiden, sanft, sittsam
Mombert, Mombrecht: (germanisch, althochdeutsch) Gedanke, Wille und glänzend
Momme, Mommo, Momo, Mumme: Kurz- und Koseformen von Mombert

Montague: (englisch) vom hohem Gebirge
Montgomery: (englisch) unklare Bedeutung, evtl. Weiterbildung von Montague?
Monty: (englisch) Kurzform von Montague und Montgomery
Morgan: (keltisch, englisch) auf dem Meer geboren
Moritz: eingedeutschte Form von lateinisch Mauritius, Maurus
Morris: (englisch) Form von Moritz
Morten: (nordisch) Form von Martin
Mortemer, Mortimer: (altfranzösisch, englisch) Ortsbezeichnung, Familienname
Muck, Mucki: Kurz- und Koseform von Nepomuk
Mustafa, Mustapha: (orientalisch) unklare Bedeutung

N

Nahum: (hebräisch) der Tröstende
Nando, Nanno: Kurzformen von Namen mit Nant- oder -nand
Nantwig: (germanisch, althochdeutsch) kühn, wagemutig und Kampf
Nantwin: (germanisch, althochdeutsch) kühn, wagemutig und Freund
Narziß: (griechisch) der Betäubende
Nat: (englisch) Kurzform von Jonathan und Nathanael
Nathan: Kurzform von Jonathan und Nathanael
Nathan, Nathanael: (hebräisch) Gott gibt, schenkt, Name aus der Bibel
Neal, Neil: (keltisch, englisch) Führer, Kämpfer
Ned: (englisch) Kurzform von Edward
Neel: (englisch) Kurzform von Cornelius
Neidhard, Neidhardt: (althochdeutsch) feindselig, grollend und hart

Nelson: (englisch) Sohn vom Neil, Familien- und Ortsname
Nepomuk: (böhmisch) auf einen Ortsnamen bezogen (Pomuk)
Nestor: (griechisch) Ältester, Ratgeber, griechische Sagengestalt
Niccolò, Nicola: (italienisch) Formen von Nikolaus
Nick: (englisch) Kurzform von Nicholas
Nicki, Niko: Koseformen von Nikolaus
Nico: (italienisch) Kurzform von Niccolo
Nicol, Nicolas: (französisch) Formen von Nikolaus
Nicolai, Nikolaij: (russisch) Formen von Nikolaus
Nicolás: (spanisch) Form von Nikolaus
Niels, Nils: (niederdeutsch, nordisch) Kurzformen von Nikolaus
Nigel: (englisch) unklare Bedeutung, evtl. der Schwarze?
Nies, Nis, Nys: Kurzformen von Dionysius
Nikita: (russisch) Koseform von Nicolai
Niklas, Niklaus: Kurzformen von Nikolaus
Nikodemus, Nikódémos: (griechisch) Besieger des Volkes
Nikólaos: (griechisch) Sieg und Volk
Nikolaus: Form von Nikólaos
Nino: (italienisch) Kurzform von Giovanni
Noah: (hebräisch) Ruhe und Trost
Noel: (französisch) der Weihnachtsmann
Norbert: (althochdeutsch) aus dem Norden und glänzend
Norman, Normann: (althochdeutsch) der Nordmann
Notger, Notker: (althochdeutsch) Gefahr, Not und Speer; ursprünglich Gernot

O

Octavian, Octavius: (lateinisch) der Achte; aus dem Geschlecht der Octavier; altrömischer Geschlechtername
Odilo: Koseform von Odo
Odo: Kurzform von Namen mit Od- und Ot-
Ödön: (ungarisch) unklare Bedeutung, evtl. Form von Odo?
Odomar, Odemar: Nebenform von Otmar
Odysseus: (griechisch) Gestalt aus der Ilias, als Zweitname gebräuchlich
Olaf, Olav: (nordisch) Sohn des erlauchten Urahns
Oldwig: (niederdeutsch) Form von Adalwig
Ole: Kurzform von Namen mit Ol- und Ul-
Oleg: (russisch, germanisch) Form von Helge
Olf: Kurzform von Namen mit -olf
Oliver: (lateinisch) Pflanzer des Ölbaums
Olivier: (französisch) Form von Oliver
Olli: Koseform von Oliver
Olof, Oluf: (schwedisch, dänisch) Formen von Olaf

Omar: (orientalisch) Form von Georg?
Omke, Omko: Kurzformen von Otmar
Ommo: (friesisch) Kurzform von Otmar
Onno: (friesisch) Bedeutung unklar, evtl. Nebenform von Otto?
Orell: eingedeutschte Form von Aurel
Orlando: (italienisch) Form von Roland
Ortfried: (althochdeutsch) Waffenspitze und Friede, Schutz
Ortger: (althochdeutsch) Waffenspitze und Speer
Ortlieb: (althochdeutsch) Waffenspitze und lieb
Ortnit: (althochdeutsch) Waffenspitze und feindlich, zornig
Ortolf, Ortulf: (althochdeutsch) Waffenspitze und Wolf
Ortwin: (althochdeutsch) Waffenspitze und Freund
Osbert: (germanisch, althochdeutsch) göttlich und glänzend
Osborne: (germanisch, englisch) göttlich und Bär
Osgood: (germanisch, englisch) göttlich und Schöpfung
Oskar, Oscar: (germanisch, althochdeutsch) göttlich und Speer
Osmar: (germanisch, althochdeutsch) göttlich und berühmt, verkünden
Osmund: (germanisch, althochdeutsch) göttlich und Schutz
Osric: (germanisch, englisch) göttlich und reich, herrschen
Ossi: Koseform von Namen mit Os-
Ossip: (russisch) Form von Joseph
Oswald: (germanisch, althochdeutsch) göttlich und herrschen, walten
Oswin: (germanisch, althochdeutsch) göttlich und Freund
Otbert: (germanisch, althochdeutsch) Besitz, Erbe und glänzend

Otfried: (germanisch, althochdeutsch) Besitz, Erbe und Friede, Schutz
Otger: (germanisch, althochdeutsch) Besitz, Erbe und Speer
Othmar, Otmar, Ottmar: (germanisch, althochdeutsch) Besitz, Erbe und berühmt, verkünden
Ottheinrich: Doppelname aus Otto und Heinrich
Otthermann: Doppelname aus Otto und Hermann
Otto: selbständige Kurzform von Namen mit Ot-
Ottokar: (germanisch, althochdeutsch) Besitz, Erbe und munter, wachsam
Ottomar: Nebenform von Ottmar
Otwald: (germanisch, althochdeutsch) Besitz, Erbe und herrschen, walten
Otwin, Odwin: (germanisch, althochdeutsch) Besitz, Erbe und Freund
Ove, Owe: (nordisch) Nebenformen von Uwe
Owen: (keltisch, englisch) junger Kämpfer

P

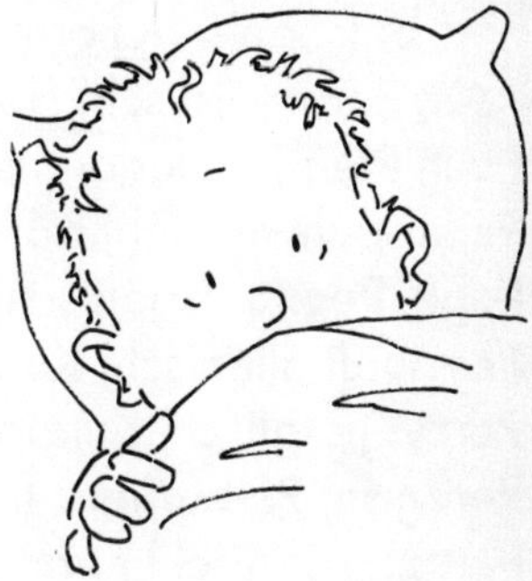

Paavo: (finnisch) Form von Paul
Pablo: (spanisch) Form von Paul
Paddy: (englisch) Koseform von Patrick
Pál: (ungarisch) Form von Paul
Pankratius, Pankraz: (griechisch) Herrscher über alles
Pantaleon: (griechisch) Erbarmen, Mitleid über alles
Paolo: (italienisch) Form von Paul
Pär: (schwedisch) Form von Peter
Parsifal, Parzival: (englisch, französisch) Sagengestalt
Pascal, Pascale: (französisch) Formen von Paschalis
Paschalis: (lateinisch) an Ostern geboren
Pat: (englisch) Kurzform von Patrick
Patricius, Patrizius: (lateinisch) der Edle
Patrick: (irisch, englisch) Form von Patricius
Paul, Paulus: (lateinisch) der Kleine, ursprünglicher Beiname
Pawel: (russisch) Form von Paul
Peder: (dänisch) Form von Peter

Pedro: (spanisch) Form von Peter
Peer, Per: (nordisch) Formen von Peter
Peet, Piet: (niederländisch, friesisch) Formen von Peter
Pelle: (schwedisch) Koseform von Peter
Pepe, Pepito: (spanisch) Kurz- und Koseform von Joseph
Peppo: (italienisch) Kurzform von Giuseppe
Percy: (englisch) Kurzform von Perceval (Parzival)
Peregrin, Peregrinus: (lateinisch) der Fremdling, Pilger
Perez: (spanisch) Form von Peter
Perry: (englisch) Kurzform von Peregrin
Petar: (serbokroatisch) Form von Peter
Peter, Petrus: (griechisch, lateinisch) der Fels
Phil: (englisch) Kurzform von Philip
Philip: (englisch) Form von Philipp
Philipp: (griechisch) Freund der Pferde
Philippe: (französisch) Form von Philipp
Philo: (griechisch) der Freund, Liebhaber
Piero, Pietro: (italienisch) Formen von Peter
Pierre: (französisch) Form von Peter
Piet, Pieter: (niederdeutsch) Kurz- und Nebenform von Peter
Pinkas, Pinkus: (jüdisch) der Gesegnete
Pirmin: Herkunft und Bedeutung unklar
Pit: (englisch) Kurzform von Peter
Pitt, Pitter: (rheinisch) Kurzformen von Peter
Pius: (lateinisch) fromm und gottesfürchtig
Pjotr: (russisch) Form von Peter
Placido, Placidus: (lateinisch) ruhig und sanft
Poldi: (oberdeutsch) Koseform von Leopold
Poul: (dänisch) Form von Paul
Prosper: (lateinisch) glücklich und zufrieden

Q

Quentin: (englisch) Form von Quintus
Quint: Kurzform von Quintus
Quintin, Quintinus: Weiterbildungen von Quintus
Quintus: (lateinisch) der fünfte Sohn
Quirin, Quirinus: (lateinisch) altrömische Gottheit

R

Raban, Rabanus: (althochdeutsch, lateinisch) der Rabe
Radolf, Radulf: (althochdeutsch) Beratung, Ratschlag und Wolf
Rafael: (tschechisch) Form von Raphael
Raffaelo: (italienisch) Form von Raphael
Ragnar: (nordisch) Form von Rainer
Raimar, Raimer: Nebenformen von Reimar
Raimo, Reimo: Neben- und Kurzform von Namen mit Raim- und Reim-
Raimund, Reimund: (germanisch, althochdeutsch) Beschluß, Rat und Recht, Schutz
Rainald, Reinald: Nebenformen von Reinold
Rainer, Reiner: (germanisch, althochdeutsch) Beschluß, Rat und Heer
Rainier, Régnier: (französisch) Formen von Rainer
Ralf, Ralph: Kurzformen von Radolf
Rambald, Rambold: (althochdeutsch) Rabe und kühn

Rambert: (althochdeutsch) Rabe und glänzend
Rambo: Kurzform von Rambold
Ramón: (spanisch) Form von Raimund
Rando: Kurzform von Namen mit Ran-
Randolf, Randulf: (althochdeutsch) Schild und Wolf
Randolph: (englisch) Form von Randolf
Randy: (englisch) Koseform von Randolph
Raoul: (französisch) Form von Radolf
Raphael: (hebräisch) Gott heilt; aus der Bibel
Rappo, Rasso: Kurzformen von Namen mit Rat-
Rasmus: Kurzform von Erasmus
Ratbert: (althochdeutsch) Beratung und glänzend
Ratbod: (althochdeutsch) Beratung und Bote
Ratbold: (althochdeutsch) Beratung und kühn
Ratfried: (althochdeutsch) Beratung und Schutz, Friede
Rathard: (althochdeutsch) Beratung und hart
Rathold: (althochdeutsch) Beratung und herrschen, walten
Raúl: (spanisch) Form von Radolf
Ray: (englisch) Kurzform von Raymond
Raymond: (englisch, französisch) Form von Raimund
Reginald: ältere Form von Reinhold, und englische Form von Reinold
Reichard: Nebenform von Richard
Reimar, Reimer: (germanisch, althochdeutsch) Beschluß, Rat und berühmt, verkünden
Reimbald, Reimbold: (germanisch, althochdeutsch) Beschluß, Rat und kühn
Reimbert, Reimbrecht: (germanisch, althochdeutsch) Beschluß, Rat und glänzend
Reinbert: Nebenform von Reimbert

Reinbold, Reinbald: Nebenformen von Reimbold
Reinfried: (germanisch, althochdeutsch) Beschluß, Rat und Schutz, Friede
Reinhard: (germanisch, althochdeutsch) Beschluß, Rat und hart
Reinhold, Reinold: (germanisch, althochdeutsch) Beschluß, Rat und herrschen
Reinmar: Nebenform von Reimar
Reinolf, Reinulf: (germanisch, althochdeutsch) Beschluß, Rat und Wolf
Reinward: (germanisch, althochdeutsch) Beschluß, Rat und hüten, schützen
Rembert, Remmert: Nebenformen von Reimbert
Remigius: (lateinisch) der Ruderer
Remo: (italienisch) Form von Remus
Remus: (lateinisch) Mitbegründer von Rom
Renárd: (französisch) Form von Reinhard
Renato: (italienisch) Form von Renatus
Renatus: (lateinisch) der Wiedergeborene
Renault: (französisch) Form von Reinhold
René: (französisch) Form von Renatus
Reno: (italienisch) Kurzform von Renato
Renz, Renzo: Kurzformen von Lorenz und Laurentius
Rex: (englisch) Kurzform von Reginald
Riccardo, Ricardo: (italienisch) Formen von Richard
Ricci, Ricco: (italienisch) Kurzformen von Riccardo
Richard, Richart: (germanisch, althochdeutsch) reich, mächtig und stark, hart
Richbert: (germanisch, althochdeutsch) reich, mächtig und glänzend

Richmar: (germanisch, althochdeutsch) reich, mächtig und berühmt, verkünden
Rick, Ricki, Ricky: Kurz- und Koseformen von Richard
Rickard: (schwedisch) Form von Richard
Rickmer: (friesisch) Form von Richmar
Ridzart: (friesisch) Form von Richard
Rienzo: (italienisch) Kurzform von Lorenzo
Rigobert, Rigbert: Nebenformen von Richbert
Rik: (niederländisch) Kurzform von Hendrik
Riklef: (friesisch, althochdeutsch) mächtig, reich und Erbe, Sohn
Rimbert: Nebenform von Reimbert
Rinaldo: (italienisch) Form von Reinold
Ringo: Kurzform von Ringolf
Ringolf, Ringulf: (germanisch, althochdeutsch) mächtig, reich und Wolf
Rino: (italienisch) Kurzform von Rinaldo
Roald: (nordisch) Kurzform von Rodewald
Rob, Robby: (englisch) Kurz- und Koseform von Robert
Robert: Nebenform von Rupert
Roberto: (italienisch) Form von Robert
Robin: (englisch) Kurzform von Robert
Rocco: (italienisch) Form von Rochus
Rochus: latinisierte Form von Namen mit Roch-, wie Rochbert, Rochold, Rochwald und Rochwin
Rock, Rocky: (englisch, amerikanisch) der Fels und Kurzformen von Rochus
Rodegang: (germanisch, althochdeutsch) Ruhm und Streit
Rodebert, Rodebrecht: (germanisch, althochdeutsch) Ruhm, Ehre und glänzend

Roderich: (germanisch, althochdeutsch) Ruhm, Ehre und reich, mächtig
Roderick: (englisch) Form von Roderich
Rodewald: (germanisch, althochdeutsch) Ruhm, Ehre und herrschen, walten
Rodolfo: (italienisch) Form von Rudolf
Rodolphe: (französisch) Form von Rudolf
Rodrigo: (spanisch) Form von Roderich
Rodrigue: (französisch) Form von Roderich
Roger: (niederdeutsch) Nebenform von Rüdiger
Roland: (germanisch, althochdeutsch) Ruhm, Ehre und kühn, mutig
Rolando: (italienisch) Form von Roland
Rolf: Nebenform von Rudolf
Rolland: (französisch) Form von Roland
Rolli, Rollo: Kose- und Kurzform von Roland und Rudolf
Rolof, Rodlof, Rodolf: (nordisch) Nebenformen von Rudolf
Romain: (französisch) Form von Roman
Roman, Romanus: (lateinisch) der Römer
Romeo: (italienisch) Form von Bartholomäus
Romuald: Nebenform von Rumold
Romulus: (lateinisch) Mitbegründer von Rom
Ron: (englisch) Kurzform von Ronald
Ronald: (schottisch) Form von Reinold
Ronny: (englisch) Koseform von Ronald
Rothard: (germanisch, althochdeutsch) Ruhm, Ehre und stark, hart
Rother: (germanisch, althochdeutsch) Ruhm, Ehre und Heer
Roux: (französisch) Nebenform von Rudolf
Rouven, Ruwen: (hebräisch) Nebenformen von Ruben

Rowland: (englisch) Form von Roland
Roy: (keltisch, englisch) der Rote
Ruben: (hebräisch) schaut, ein Sohn
Rudi: Koseform von Rudolf
Rüdiger: (germanisch, althochdeutsch) Ruhm, Ehre und Speer
Rudolf: (germanisch, althochdeutsch) Ruhm, Ehre und Wolf
Rudolph: (englisch) Form von Rudolf
Rufinus: Weiterbildung von Rufus
Rufus: (lateinisch) der Rote, früherer Beiname
Rumold: (althochdeutsch) Lob, Ruhm und herrschen, walten
Rupert, Ruppert: (germanisch, althochdeutsch) Ruhm, Ehre und glänzend
Rupertus: latinisierte Form von Rupert
Ruprecht: Nebenform von Rupert
Rurik: (russisch) Form von Roderich
Russel: (englisch) unklare Bedeutung, evtl. rot, rothaarig?
Ruthard: (germanisch, althochdeutsch) Ruhm, Ehre und stark, hart
Rutlieb: (germanisch, althochdeutsch) Ruhm, Ehre und lieb

S

Sacha: (französisch) Form von Sascha
Sachso: (lateinisch) der Sachse, früherer Beiname
Saladin: (orientalisch) Bewahrer des Glaubens
Salomon: (hebräisch) friedfertig, friedlich; aus der Bibel
Salim, Selim: Nebenformen von Salomon
Salvator: (lateinisch) Erlöser, Retter
Salvatore: (italienisch) Form von Salvator
Sam, Sammy: (englisch) Kurz- und Koseform von Samuel
Samson: (hebräisch) kleine Sonne; aus der Bibel
Samuel: (hebräisch) von Gott erhört; aus der Bibel
Sándor: (ungarisch) Kurzform von Alexander
Sandro: (italienisch) Kurzform von Alessandro
Sandy: (englisch) Kurz- oder Koseform von Alexander
Sascha: (russisch) Kurzform von Alexander
Sasso: Nebenform von Sachso
Saul, Saulus: (hebräisch, lateinisch) der Geforderte, Name aus der Bibel

Schorsch: mundartliche Form von Georg
Scott: (englisch) der Schotte
Sczepan: (slawisch) Form von Stephan
Sean: (keltisch) unklare Bedeutung, evtl. Form von Johannes?
Sebald, Sebaldus: Nebenformen von Siegbald
Sebastian: (griechisch) erhaben und ehrwürdig
Sebastiano, Sebastino: (italienisch) Formen von Sebastian
Sébastien: (französisch) Form von Sebastian
Seibold: Nebenform von Siegbald
Selmar: (germanisch, althochdeutsch) Bedeutung unklar, evtl. Haus mit Saal und berühmt, verkünden
Semjon: (russisch) Form von Simon
Sepp, Seppel: (süddeutsch) Kurz- und Koseform von Joseph
Seraphim, Seraphin, Seraphinus: (hebräisch) unklare Bedeutung, evtl. Engelsgestalt?, Name aus der Bibel
Serenus: (lateinisch) heiter und leuchtend
Serge: (französisch) Form von Sergius
Sergei, Sergeij: (russisch) Formen von Sergius
Sergio: (italienisch, spanisch) Form von Sergius
Sergius: (lateinisch) aus dem Geschlecht der Sergier, altrömischer Geschlechtername
Servaas: (niederländisch) Form von Servatius
Servais: (französisch) Form von Servatius
Servatius, Servaz: (lateinisch) der Gerettete
Servazio: (italienisch) Form von Servatius
Severin, Severinus: (lateinisch) ernsthaft und streng, früherer Bei- und Familienname Sibo, Siebo: (friesisch) Kurzformen von Namen mit Sieg-
Sidonius: (lateinisch) Mann aus Sidon

Siegbald, Siegbold: (althochdeutsch) Sieg und kühn
Siegbert: (althochdeutsch) Sieg und glänzend
Siegbod: (althochdeutsch) Sieg und Bote
Sieger, Siegher: (althochdeutsch) Sieg und Heer
Siegfried, Sigfried: (althochdeutsch) Sieg und Schutz, Frieden
Sieghard: (althochdeutsch) Sieg und stark, hart
Siegmar: (althochdeutsch) Sieg und berühmt, verkünden
Siegmund, Sigmund: (althochdeutsch) Sieg und Recht, Schutz
Siegrich, Siegerich: (althochdeutsch) Sieg und mächtig, reich
Siegwald: (althochdeutsch) Sieg und herrschen, walten
Siegward: (althochdeutsch) Sieg und hüten, schützen
Sierk: (friesisch) Kurzform von Siegrich
Sievert: (niederdeutsch) Form von Siegward
Sigi, Siggi: Koseformen von Namen mit Sieg- und Sig-
Sigisbert: Nebenform von Siegbert
Sigismund: Nebenform von Siegmund
Sigo, Siggo, Sikko: Kurzformen von Namen mit Sieg- und Sig-
Sigurd: (nordisch) Form von Siegward, Siegfried
Silvan, Silvanus: (lateinisch) altrömischer Waldgott
Silvester, Sylvester: (lateinisch) Waldbewohner, zum Walde gehörend
Silvio: (italienisch) Form von Silvius
Silvus, Silvius: (lateinisch) unklare Bedeutung, evtl. Weiterbildung von Silvanus?
Simeon, Simon: (hebräisch) Gott hat gehört
Simson: Nebenform von Samson

Sisto: (italienisch) Form von Sixtus
Sixt, Sixtus: (griechisch, lateinisch) fein, glatt
Sixten: (altschwedisch) Sieg und Stein, Fels
Sjard: (friesisch) Kurzform von Sieghard
Slavko: (slawisch) ruhmreich
Söhnke, Sönke: (niederdeutsch) das Söhnlein
Sóphos, Sophus: (griechisch) klug und weise
Sören: (dänisch) Form von Severin
Stachus: Kurzform von Eustachius
Stan: (englisch) Kurzform von Stanley
Stanislaus: (lateinisch) Ruhm, Ehre, Form von polnisch Stanislaw
Stano, Stani: Kurz- und Koseform von Stanislaus
Stanley: (englisch) Ortsname, ursprünglicher Familienname
Stef, Steffen: Kurzformen von Stefan
Stefano: (italienisch) Form von Stefan
Steffel: (oberdeutsch) Form von Stefan
Sten: (nordisch) Kurzform von Namen mit Sten- und -sten
Stenka: (slawisch) Form von Stephan
Stenz, Stenzel: (schlesisch) Kurzformen von Stanislaus
Stephan, Stefan: (griechisch) Kranz und Krone
Stéphane: (französisch) Form von Stephan
Stephen, Steven: (englisch) Formen von Stephan
Steve: (englisch) Kurzform von Steven
Steven: (niederländisch) Form von Stephan
Stig: (dänisch) Bedeutung unklar
Stoffel, Stoffer: Kurzformen von Christof
Stu: (englisch) Kurzform von Stuart
Stuart, Steward: (schottisch) Bewahrer, Verwalter, auch als Familienname gebräuchlich

Sulpiz, Sulpicius: (lateinisch) aus dem Geschlecht der Sulpicier, altrömischer Geschlechtername
Sven, Svend, Swen: (nordisch) junger Mann, Kämpfer
Swidbert, Suitbert: (altenglisch) mächtig, stark und glänzend

T

Tage: (nordisch) Bürge, Gewährsmann
Tanko: Kurzform von Namen mit Thank-
Tankred: (normannisch) Nebenform von Dankrad
Tassilo, Thassilo: Weiterbildung von Tasso
Tasso, Thasso: Herkunft und Bedeutung unklar, evtl. von lateinisch Taxus (Eibe)
Täve: Kurzform von Gustav
Tebaldo: (italienisch) Form von Theobald
Tebbo: (friesisch) Kurzform von Theodebert
Ted, Teddy: (englisch) Kurz- und Koseform von Edward und Theodore
Teo, Theo: Kurzformen von Namen mit Theo-
Tetje: (friesisch) Kurzform von Namen mit Diet- und Theo-
Teut: (althochdeutsch) das Volk, Kurzform von Namen mit Theud-
Thaddäus: aus der Bibel; Herkunft und Bedeutung unklar
Thankmar: Nebenform von Dankmar

Theobald, Theodebald: (latinisiert) Form von Dietbald
Theodebert: (latinisiert) Form von Dietbert
Theodemar: (latinisiert) Form von Dietmar
Theoderich: (latinisiert) Form von Dietrich
Theodor, Theódóros: (griechisch) Gottesgabe, -geschenk
Theodore: (englisch) Form von Theodor
Théodore: (französisch) Form von Theodor
Theodósios, Theodosius: (griechisch) Gottesgeschenk
Theodulf, Theodolf: (althochdeutsch) Volk und Wolf
Theophil, Theophilius: (griechisch) Gottesfreund
Thias, Thies, Thieß: Kurzformen von Matthias
Thibaut: (französisch) Form von Theobald
Thiemo, Tiemo: Kurzformen von Thietmar und Timotheus
Thierri, Thierry: (französisch) Formen von Dietrich
Thietmar: Nebenform von Dietmar
Thilo, Tilo: Kurzform von Namen mit Diet-
Thomas: (aramäisch) Zwilling, Name aus der Bibel
Thomé: (französisch) Form von Thomas
Thor, Thore: (germanisch, nordisch) Gott Donar
Thoralf, Toralf: (germanisch, nordisch) Gott Thor und Elf, Naturgeist
Thorbjörn, Torbjörn: (germanisch, nordisch) Gott Thor und Bär
Thornton: (altenglisch) Herkunftsbezeichnung, Land mit Dornensträuchern
Thorolf, Torolf: (germanisch, nordisch) Gott Thor und Wolf
Thorsten, Torsten: (germanisch, nordisch) Gott Thor und Fels, Stein
Thorwald, Torwald: (germanisch, nordisch) Gott Thor und herrschen, walten

Tiberius: (lateinisch) dem Gott des Tiber geweiht
Tibor: (ungarisch) Form von Tiberius
Tiede, Tiedo: (friesisch) Kurzform von Namen mit Diet-
Till: (niederdeutsch) Kurzform von Dietrich
Tillmann, Tilmann: Weiterbildungen von Till
Tim, Timmy: (englisch) Kurz- und Koseform von Timothy
Tim, Timm, Timo, Timmo: Kurzformen von Timotheus und Thiemo
Timofej: (russisch) Form von Timotheus
Timothée: (französisch) Form von Timotheus
Timotheus: (griechisch) die Ehre Gottes
Timothy: (englisch) Form von Timotheus
Tino: (italienisch) Kurzform von Namen mit -tino
Titus: (lateinisch) ruhmreich, verdienstvoll
Tjalf: (friesisch) Kurzform von Detlef
Tjard: (friesisch) Kurzform von Diethard
Tjark, Tjerk: (friesisch) Kurzform von Dietrich
Tobias: (hebräisch) Gott ist gütig, gnädig; Name aus der Bibel
Tobin, Toby, Tobby: (englisch) Neben- und Koseformen von Tobias
Tom, Tommy: (englisch) Kurz- und Koseform von Thomas
Toni, Tony: Kurzformen von Anton und Anthony
Tonio: (italienisch) Kurzform von Antonio
Tönnies: (niederdeutsch) Kurzform von Antonius
Tord: (schwedisch) Kurzform von Namen mit Thor- oder Tor-
Traugott: pietistische Neubildung
Trautwein: Weiterbildung von Trudwin
Tristan: (keltisch) unklare Bedeutung, evtl. Lärm mit Waffen oder Name von gallischen Druiden?

Trudbert: (althochdeutsch) kräftig, stark und glänzend
Trudwin: (althochdeutsch) kräftig, stark und Freund
Trutz: (oberdeutsch) Widerstand, von Trotz abgeleitet
Tün, Tünnes: (rheinisch) Kurzformen von Anton, Antonius
Ture, Tore: (schwedisch) Kurzform von Namen mit Thor- oder Tor-

U

Ubbo: (friesisch) Kurzform von Udalbert
Udalbert: (althochdeutsch) Heimat, Erbe und glänzend
Udo: Nebenform von Namen mit Ud-, Ul- und von Odo
Ueli: (rätoromanisch) Form von Ulrich
Uffo: (friesisch) Kurzform von Ulfried
Ugo: (italienisch) Form von Hugo
Ulf: (nordisch) Kurzform von Namen mit Ulf- und -ulf
Ulfert: Kurzform von Ulfried und Ulfhard
Ulfried: (althochdeutsch) Heimat, Erbe und Schutz, Friede
Uli, Ulli: Kurz- und Koseform von Namen mit Ul-
Ulrich: (althochdeutsch) Heimat, Erbe und mächtig, reich
Ulysses: (lateinisch) Form von Odysseus
Umberto: (italienisch) Form von Humbert
Unno: (friesisch) Nebenform von Onno
Urban, Urbanus: (lateinisch) Stadtbewohner
Urias: (hebräisch) Gott ist Licht
Uriel: (hebräisch) von Gott erleuchtet

Urs, Ursus: (lateinisch) der Bär
Ursinus: Weiterbildung von Ursus
Uto: Nebenform von Udo
Utz, Uz: (oberdeutsch) Kurzformen von Namen mit Ul-
Uwe: (friesisch) Kurzform von Namen mit Udal- und Ul-

V

Václav: (tschechisch) Form von Wenzeslaus
Valente: (ungarisch) Form von Valentin
Valentin, Valentinus: (lateinisch) gesund und kräftig
Valentino: (italienisch) Form von Valentin
Valerian, Valerianus: (lateinisch) Weiterbildungen von Valerius
Valerio: (italienisch) Form von Valerius
Valerius: (lateinisch) aus dem Geschlecht der Valerier; altrömischer Geschlechtername
Vasco: (portugiesisch, spanisch) der Baske
Veit: (althochdeutsch) unklare Bedeutung, evtl. hölzern, waldig
Velten, Veltin: Weiterbildungen von Valentin
Vicente: (italienisch) Form von Vinzenz
Vicco, Vico: (italienisch) Kurzformen von Namen mit -vico, und Kurzformen von Victor und Viktor
Victor: (englisch, französisch) Form von Viktor

Vigil, Vigilius: (lateinisch) der Wachsame
Viktor: (lateinisch) der Sieger
Viktorian, Viktorius: Weiterbildungen von Viktor
Vilmar: (althochdeutsch) der Vielgerühmte
Vincent: (französisch, niederländisch) Form von Vinzenz
Vinzent: Kurzform von Vincentius
Vinzenz: (lateinisch) siegen
Virgil, Virgilius: (lateinisch) unklare Bedeutung, altrömischer Geschlechtername
Vitali, Vitalis: (Lateinisch) kräftig und lebhaft
Vittorio: (italienisch) Form von Viktor
Vitus: latinisierte Form von Veit
Vlado: (tschechisch) Kurzform von Wladislaus
Volbert, Volbrecht: Nebenformen von Volkbert
Volkbert: (althochdeutsch) Volk und glänzend
Volker, Volkher: (althochdeutsch) Volk und Heer
Volkert: Nebenform von Volkhard
Volkhard, Volkard: (althochdeutsch) Volk und hart
Volkmar: (althochdeutsch) Volk und berühmt, verkünden
Volko: Kurzform von Namen mit Volk-
Volkrad, Volkrat: (althochdeutsch) Volk und Beratung
Volkward, Volkwart: (althochdeutsch) Volk und hüten, schützen
Volkwin: (althochdeutsch) Volk und Freund
Vollrat, Volrat: Nebenformen von Volkrat
Volmar: Nebenform von Volkmar

W

Walbert: Nebenform von Waldebert
Waldebert: (althochdeutsch) herrschen, walten und glänzend
Waldemar: (althochdeutsch) herrschen, walten und berühmt, verkünden
Waldfried, Walfried: (althochdeutsch) herrschen, walten und Schutz, Friede
Waldo: Kurzform von Namen mit Wald- und -wald
Wally: (englisch) Koseform von Walter
Walram, Waltram: (althochdeutsch) herrschen walten und Rabe
Walt: (englisch) Kurzform von Walter
Walther, Walter: (althochdeutsch) herrschen, walten und Heer
Wanja: (russisch) Koseform von Iwan
Warren: (altenglisch) unklare Bedeutung, evtl. widerstehen, abwehren

Warrick, Warwick: (altenglisch) unklare Bedeutung, evtl. Festung, Bollwerk
Wasja: (russisch) Koseform von Wassili
Wassilij, Wassily: (russisch) Form von Basilius
Wastl: (bayrisch) Koseform von Sebastian
Wedekind: (niederdeutsch) Nebenform von Widukind
Weerd, Weert: (friesisch) Kurzformen von Wichard
Weigand: Nebenform von Wigand
Weikhard: (oberdeutsch) Weiterbildung von Wichard
Welf: (althochdeutsch) junger Hund
Welfhard: (althochdeutsch) junger Hund und hart
Wendel, Wendelin: Kurz- und Koseformen von Namen mit Wendel-
Wendelbert: (germanisch, althochdeutsch) aus dem Stamme der Vandalen und glänzend
Wendelmar: (germanisch, althochdeutsch) aus dem Stamme der Vandalen und berühmt, verkünden
Wenzel: Kurzform von Wenzeslaus
Wenzeslaus: (slawisch) der Ruhmreiche
Werner, Wernher: (germanisch, althochdeutsch) aus dem Stamme der Warnen und Heer
Wernfried, Warnfried: (germanisch, althochdeutsch) aus dem Stamme der Warnen und Schutz, Friede
Wernhard: (germanisch, althochdeutsch) aus dem Stamme der Warnen und hart
Werni, Werno: Kose- und Kurzform von Namen mit Wern-
Wiard: (friesisch) Kurzform von Wichard und Wighard
Wibert: Nebenform von Wigbert
Wichard: (althochdeutsch) kämpfen und hart, stark
Wido, Wito: Kurzformen von Namen mit Wid- und Wit-

Widukind: (althochdeutsch) Kind des Waldes
Wiegand, Wigand: (althochdeutsch) kämpfen und kühn, ursprünglicher Beiname
Wieland, Wiland: (althochdeutsch) unklare Bedeutung, nordische Sagengestalt
Wienand, Winand: (althochdeutsch) kühner Kämpfer
Wigbert, Wigbrecht: (althochdeutsch) Krieg, Kampf und glänzend
Wiggerl: (bayrisch) Koseform von Ludwig
Wiggo, Wigo: (friesisch) Kurzformen von Namen mit Wig-
Wighard: Nebenform von Wichard
Wigmar: (althochdeutsch) Krieg, Kampf und berühmt, verkünden
Wignand, Winand: (althochdeutsch) Krieg, Kampf und kühn
Wilbert: Nebenform von Willibert
Wilbur: (englisch) unklare Bedeutung, evtl. aus althochdeutsch Wille und bauen, Bauer?
Wilfried: (althochdeutsch) Wille und Schutz, Friede
Wilhelm: (althochdeutsch) Wille und Helm
Wilko: (friesisch) Kurzform von Namen mit Wil-
Will, Willi, Willy: Kurzformen von Namen mit Wil- und Willi-
Willard: (englisch) Weiterbildung von William
Willem: (niederländisch) Form von Wilhelm
William: (englisch) Form von Wilhelm
Willibald: (althochdeutsch) Wille und kühn
Willibert: (althochdeutsch) Wille und glänzend
Willibrord: (altenglisch) Wille und Speerspitze
Williram, Willeram: (althochdeutsch) Wille und Rabe

Willo: Kurzform von Namen mit Wil- und Willi-
Wilm, Wim: Kurzformen von Wilhelm
Wilmar, Willmar: (althochdeutsch) Wille und berühmt, verkünden
Wilson: (englisch) Williams Sohn
Winfried: (althochdeutsch) Freund und Schutz, Friede
Wini, Winni: Koseformen von Namen mit Win-
Winibald: (althochdeutsch) Freund und kühn
Winibert, Winibrecht: (althochdeutsch) Freund und glänzend
Winimar, Winnimar: (althochdeutsch) Freund und berühmt, verkünden
Winrich: (althochdeutsch, germanisch) Freund und herrschen, reich
Winston: (althochdeutsch, englisch) Freund und Fels, Stein
Wipert, Wiprecht: Nebenformen von Wigbert
Witold: (althochdeutsch) Wald und herrschen, walten
Wittekind: Nebenform von Widukind
Wjatscheslάw: (russisch) Form von Wenzeslaus
Wladimir: (slawisch, althochdeutsch) mächtig und groß, berühmt
Wladislaus, Wladislaw: (slawisch) Form von Ladislaus
Woldemar: (niederdeutsch) Form von Waldemar
Wolf, Wolfi: Kurz- und Koseform von Namen mit Wolf-
Wolfdietrich, Wolfdieter: Doppelnamen aus Wolf und Dietrich, Dieter
Wolfgang: (althochdeutsch) Wolf und Streit, Waffengang
Wolfger: (althochdeutsch) Wolf und Speer
Wolfhard, Wolfhart: (althochdeutsch) Wolf und hart
Wolfhelm: (althochdeutsch) Wolf und Helm

Wolfrad: (althochdeutsch) Wolf und Rat, Beratung
Wolfram: (althochdeutsch) Wolf und Rabe
Wolodja: (russisch) Koseform von Wladimir
Wolrad: Nebenform von Wolfrad
Wolter: (niederdeutsch) Form von Walter
Woodrow: (englisch) unklare Bedeutung, als Beiname gebräuchlich
Woody: (englisch) Koseform von Woodrow
Wulf: Nebenform von Wolf
Wulfila: latinisierte Koseform von Wulf
Wunibald, Wunnibald: (althochdeutsch) Lust, Wonne und kühn

X

Xander, Xandi: Kurz- und Koseform von Alexander
Xaver, Xaverius: (spanisch) Ortsname in Navarra (Xavier Javier), als Beiname gebräuchlich
Xavier: (englisch, französisch) Form von Xaver

Y

Yannic, Yannick: (französisch) Nebenformen von Jean
York: (dänisch) Form von Georg und englischer Ortsname; als Beiname gebräuchlich
Yves, Yvon: (französisch) Formen von Ivo

Z

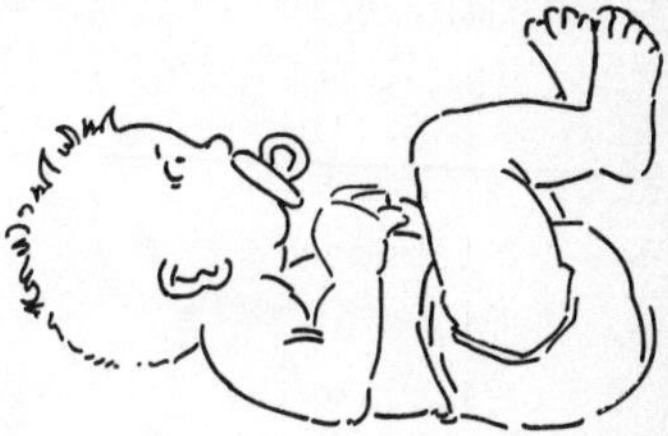

Zacharias: (hebräisch) Gott denkt und erinnert sich meiner; Name aus der Bibel
Zachäus: Nebenform von Zacharias
Zdenko: (slawisch) Koseform von Sidonius
Zeno, Zenon: (griechisch) Geschenk des Zeus
Zenobio, Zenobius: latinisierte Formen von Zeno
Zenz: (oberdeutsch) Kurzform von Innozenz und Vinzenz
Zölestin: Nebenform von Cölestin
Zlatko: (slawisch) der Goldige
Zoltán: (ungarisch) Form von Sultan
Zygmund, Zymund: (polnisch) Formen von Sigismund
Zyprian, Zyprianus: Nebenformen von Cyprianus
Zyriak, Zyriakus: Nebenformen von Cyriacus

Vornamen von bekannten Personen

Weibliche

Adele Sandrock, österreichische Schauspielerin
Agatha Christie, englische Schriftstellerin
Alice Schwarzer, deutsche Journalistin und Feministin
Amanda Lear, amerikanische Sängerin
Anastasia Romanow, Großfürstin von Rußland
Anke Huber, deutsche Tennisspielerin
Fuchs, deutsche Politikerin
Anna Freud, österreichische Psychoanalytikerin
Seghers, deutsche Schriftstellerin
Anneliese Rothenberger, deutsche Opernsängerin
Annemarie Renger, deutsche Politikerin
Annette von Droste-Hülshoff, deutsche Schriftstellerin
von Aretin, deutsche Fotografin
Antonella Lualdi, italienische Schauspielerin
Arantxa Sanchez-Vicario, spanische Tennisspielerin
Aretha Franklin, amerikanische Soul-Sängerin
Astrid Lindgren, schwedische Schriftstellerin
Audrey Hepburn, amerikanische Schauspielerin

Barbra Streisand, amerikanische Schauspielerin und Sängerin
Beatrice Richter, deutsche Schauspielerin
Beatrix Wilhelmina Armgard, Königin der Niederlande
Belinda Lee, englische Schauspielerin
Bertha von Suttner, österreichische Schriftstellerin
Bette Middler, amerikanische Schauspielerin und Sängerin
Davis, amerikanische Schauspielerin
Bettina von Arnim, deutsche Schriftstellerin

Bibi Johns, schwedische Sängerin
Birgit Breul, deutsche Wirtschaftsmanagerin
Brigitte Mira, deutsche Schauspielerin
Bardot, französische Schauspielerin

Candice Bergen, amerikanische Schauspielerin
Caroline von Monaco, Prinzessin
Caterina Valente, italienisch-deutsche Schauspielerin und Sängerin
Chris Evert, amerikanische Tennisspielerin
Christa Wolf, deutsche Schriftstellerin
Christine Kaufmann, deutsche Schauspielerin
Claire Waldoff, deutsche Kabarettistin
Clara Zetkin, deutsche Politikerin
Claudia Schiffer, deutsches Fotomodell
Cordula Trantow, deutsche Schauspielerin
Cornelia Froboess, deutsche Schlagersängerin und Schauspielerin

Dagmar Berghoff, deutsche Fernsehmoderatorin
Daliah Lavi, israelische Schauspielerin und Sängerin
Danielle Darrieux, französische Schauspielerin
Daphne du Maurier, englische Schriftstellerin
Deborah Kerr, amerikanische Schauspielerin
Désirée Nosbusch, luxemburgische Fernsehmoderatorin und Schauspielerin
Diana, Prinzessin von Wales
Doris Dörrie, deutsche Filmregisseurin
Lessing, englische Schriftstellerin
Day, amerikanische Schauspielerin
Dunja Rajter, jugoslawische Sängerin und Schauspielerin

Edith Piaf, französische Chansonsängerin
Elisabeth Flickenschildt, deutsche Schauspielerin
Elizabeth II. Königin von Großbritannien
Elke Sommer, deutsche Schauspielerin
Heidenreich, deutsche Journalistin
Ellen Schwiers, deutsche Schauspielerin
Else Lasker-Schüler, deutsche Schriftstellerin
Erika Köth, deutsche Opernsängerin
Pluhar, österreichische Sängerin und Schauspielerin
Ester Ofarim, israelische Sängerin
Eva Renzi, deutsche Schauspielerin
Pflug, deutsche Schauspielerin
Evita Péron, argentinische Politikerin

Fabiola, Königin von Belgien
Farah Diba, Kaiserin von Persien
Faye Dunaway, amerikanische Schauspielerin
Franca Magnani, italienische Journalistin und Fernsehmoderatorin
Franziska van Almsick, deutsche Schwimmsportlerin

Gabriela Sabatini, argentinische Tennisspielerin
Gabriele Seyfert, deutsche Eiskunstläuferin
Wohmann, deutsche Schriftstellerin
Geraldine Chaplin, amerikanische Schauspielerin
Gertrude Stein, amerikanische Schriftstellerin
Gianna Nannini, italienische Popsängerin
Gila von Weitershausen, deutsche Schauspielerin
Gina Lollobrigida, italienische Schauspielerin
Gisela Schlüter, deutsche Kabarettistin
Uhlen, deutsche Schauspielerin

Gitte Haenning, dänische Sängerin und Schauspielerin
Gloria von Thurn und Taxis, Fürstin
Golda Meir, israelische Politikerin
Gracia Patricia, Fürstin von Monaco
Greta Garbo, schwedische Schauspielerin
Grethe Weiser, deutsche Schauspielerin
Gritt Boettcher, deutsche Schauspielerin
Gudrun Landgrebe, deutsche Schauspielerin
Gunda Niemann, deutsche Eisschnelläuferin

Hanna Schygulla, deutsche Schauspielerin
Hannelore Elsner, deutsche Schauspielerin
Heddy Lamarr, amerikanische Schauspielerin
Hedwig Courths-Mahler, deutsche Schriftstellerin
Heidelinde Weis, österreichische Schauspielerin
Heide Simonis, deutsche Politikerin
Rosendahl, deutsche Leichtathletin
Heidi Brühl, deutsche Schlagersängerin und Schauspielerin
Kabel, deutsche Volksschauspielerin
Helen Vita, deutsche Chansonsängerin
Helene Weigel, deutsche Schauspielerin
Helga Feddersen, deutsche Schauspielerin
Herta Däubler-Gmelin, deutsche Politikerin
Hertha Feiler, deutsche Schauspielerin
Hilde Domin, deutsche Lyrikerin
Hildegard Hamm-Brücher, deutsche Politikerin
Knef, deutsche Schauspielerin und Chansonsängerin

Ida Ehre, österreichische Schauspielerin und Regisseurin
Ilse Werner, deutsche Schauspielerin und Sängerin

Ina Seidel, deutsche Schriftstellerin
Inge Meysel, deutsche Schauspielerin
Ingeborg Bachmann, österreichische Lyrikerin
Ingrid Bergman, schwedische Schauspielerin
Steeger, deutsche Komikerin und Schauspielerin
Iris Berben, deutsche Komikerin und Schauspielerin
Irmgard Schwaetzer, deutsche Politikerin
Isabel Allende, chilenische Schriftstellerin
Isabella Rossellini, italienische Schauspielerin

Jana Novotna, tschechische Tennisspielerin
Jane Fonda, amerikanische Schauspielerin
Janis Joplin, amerikanische Rocksängerin
Jeanne Moreau, französische Schauspielerin
Jessica Lange, amerikanische Schauspielerin
Jil Sander, deutsche Modedesignerin
Joan Baez, amerikanische Sängerin
Johanna Spyri, Schweizer Schriftstellerin
von Koczian, deutsche Schauspielerin und Sängerin
Josephine Baker, amerikanisch- französische Tänzerin und Chansonsängerin
Joy Flemming, deutsche Bluessängerin
Judy Winter, deutsche Schauspielerin
Julia Roberts, amerikanische Schauspielerin
Juliana, ehem. Königin der Niederlande
Juliette Greco, französische Chansonsängerin und Schauspielerin
Jutta Ditfurth, deutsche Journalistin und Politikerin

Kai Fischer, deutsche Schauspielerin
Karin Baal, deutsche Schauspielerin

Karoline von Günderode, deutsche Schriftstellerin
Katarina Witt, deutsche Eiskunstläuferin
Katharine Hepburn, amerikanische Schauspielerin
Katrin Krabbe, deutsche Leichtathletin
Käthe Kollwitz, deutsche Graphikerin und Malerin
Kruse, deutsche Kunsthandwerkerin

Lale Andersen, deutsche Sängerin und Schauspielerin
Lana Turner, amerikanische Schauspielerin
Leni Riefenstahl, deutsche Fotografin, Schauspielerin und Regisseurin
Leslie Caron, französische Schauspielerin
Lieselotte Pulver, Schweizer Schauspielerin
von der Pfalz, Prinzessin
Lil Dagover, deutsche Schauspielerin
Lilian Harvey, englisch-deutsche Schauspielerin
Lilli Palmer, deutsche Schauspielerin
Lina Carstens, deutsche Schauspielerin
Liv Ullmann, norwegische Schauspielerin
Liz Taylor, amerikanische Schauspielerin
Liza Minelli, amerikanische Schauspielerin
Lore Lorentz, deutsche Kabarettistin
Lotte Lenya, österreichische Sängerin und Schauspielerin
Lucille Ball, amerikanische Schauspielerin
Luise Rinser, deutsche Schriftstellerin

Mae West, amerikanische Schauspielerin
Magda Schneider, deutsche Schauspielerin
Margaret Thatcher, englische Politikerin und Premierministerin
Mitchell, amerikanische Schriftstellerin

Margarethe von Trotta, deutsche Filmregisseurin
Margit Schramm, deutsche Opernsängerin
Margot Trooger, deutsche Schauspielerin
Maria Callas, griechische Sopranistin
Schell, deutsche Schauspielerin
Marianne Koch, deutsche Schauspielerin und Ärztin
Marie-Luise Marjan, deutsche Schauspielerin
Marika Kilius, deutsche Eiskunstläuferin
Marilyn Monroe, amerikanische Schauspielerin
Marlene Dietrich, deutsch-amerikanische Schauspielerin
Martina Navratilova, tschechisch-amerikanische Tennisspielerin
Maureen O'Hara, amerikanische Schriftstellerin
Melanie Griffith, amerikanische Schauspielerin
Melina Mercouri, griechische Sängerin und Politikerin
Meryl Streep, amerikanische Schauspielerin
Michèle Morgan, französische Schauspielerin
Mildred Scheel, deutsche Ärztin und Gründerin der deutschen Krebshilfe
Milva italienische Sängerin
Mireille Darc, französische Schauspielerin
Mathieu, französische Sängerin
Monica Seles, jugoslawische Tennisspielerin
Monika Wulf-Mathies, deutsche Gewerkschaftsführerin und Politikerin

Nadja Tiller, österreichische Schauspielerin
Nana Mouskouri, griechische Sängerin
Nancy Sinatra, amerikanische Sängerin und Schauspielerin
Nastassja Kinski, deutsche Schauspielerin

Nathalie Sarraute, französische Schriftstellerin
Nelly Sachs, deutsche Lyrikerin
Nicole Uphoff, deutsche Dressurreiterin
Heesters, niederländische Schauspielerin
Nina Hagen, deutsche Rocksängerin

Olga Tschechowa, deutsche Schauspielerin
Olivia De Havilland, amerikanische Schauspielerin
Newton-John, amerikanische Sängerin und Schauspielerin
Ornella Muti, italienische Schauspielerin

Paloma Picasso, spanisch-französische Designerin
Paula Wessely, österreichische Schauspielerin
Peggy March, amerikanische Sängerin
Petra Kelly, deutsche Politikerin
Schürmann, deutsche Fernsehmoderatorin
Petula Clark, englische Sängerin
Priscilla Presley, amerikanische Schauspielerin

Renate Holm, deutsche Sängerin und Schauspielerin
Ricarda Huch, deutsche Dichterin
Rita Süssmuth, deutsche Politikerin
Pavone, italienische Sängerin
Romy Schneider, deutsche Schauspielerin
Rosa Luxemburg, deutsche Politikerin
Rosi Mittermaier, deutsche Skirennläuferin
Ruth Leuwerik, deutsche Schauspielerin
Maria Kubitschek, deutsche Schauspielerin

Sabine Sinjen, deutsche Schauspielerin
Sally Field, amerikanische Schauspielerin

Samantha Fox, englische Sängerin
Sandra Paretti, deutsche Schriftstellerin
Sandy Shaw, englische Sängerin
Sarah Bernhard, französische Schauspielerin
Kirsch, deutsche Schriftstellerin
Selma Lagerlöf, schwedische Dichterin
Senta Berger, österreichische Schauspielerin
Sharon Tate, amerikanische Schauspielerin
Shirley Mac Laine, amerikanische Schauspielerin und Entertainerin
Temple, amerikanische Schauspielerin und Politikerin
Bassey, amerikanische Sängerin
Sigrid Undset, norwegische Schriftstellerin
Silvia, Königin von Schweden
Simone de Beauvoir, französische Schriftstellerin
Signoret, französische Schauspielerin
Siw Malmquist, schwedische Sängerin
Sonja Ziemann, deutsche Schauspielerin
Sophia Loren, italienische Schauspielerin
Soraya, Ex-Kaiserin von Persien
Stefanie (Steffi) Graf, deutsche Tennisspielerin
Susan Hayward, amerikanische Schauspielerin
Susanne Uhlen, deutsche Schauspielerin
Sylvie Vartan, französische Sängerin

Thekla Carola Wied, deutsche Schauspielerin
Therese Giehse, deutsche Schauspielerin
Tina Turner, amerikanische Sängerin
Trude Herr, deutsche Schauspielerin und Sängerin

Ulla Jacobson, schwedische Schauspielerin
Ulrike Meyfarth, deutsche Leichtathletin
Ursela Monn, deutsche Schauspielerin
Ursula Andress, Schweizer Schauspielerin
Herking, deutsche Kabarettistin und Schauspielerin
Uschi Glas, deutsche Schauspielerin

Vanessa Redgrave, englische Schauspielerin
Vera Tschechowa, deutsche Schauspielerin
Vicki Baum, österreichische Schriftstellerin
Vicky Leandros, griechisch-deutsche Sängerin
Viktoria Brams, deutsche Schauspielerin
Königin von England
Sackville-West, englische Schriftstellerin
Violetta Ferrari, italienische Schauspielerin
Virginia Wolff, englische Schriftstellerin
Vivi Bach, dänische Sängerin und Kinderbuchautorin
Vivien Leigh, englische Schauspielerin
Vreni Schneider, Schweizer Skirennläuferin

Waltraud Haas, österreichische Schauspielerin
Wencke Myrhe, norwegische Sängerin
Witta Pohl, deutsche Schauspielerin

Zarah Leander, schwedische Sängerin und Schauspielerin
Zita von Habsburg, Kaiserin von Österreich
Zizi Jeanmarie, französische Tänzerin

Männliche

Abraham Lincoln, 16. Präsident der Vereinigten Staaten
Achim von Arnim, deutscher Dichter
Adalbert Stifter, österreichischer Dichter
Adam Opel, deutscher Industrieller
Ries(»e«), deutscher Mathematiker
Adolph von Menzel, deutscher Maler
Adrian Hoven, deutscher Schauspieler
Albert Einstein, deutsch-amerikanischer Physiker
Schweitzer, Arzt, evang. Theologe und Philosoph
Albrecht Dürer, deutscher Maler
Alexander von Humboldt, deutscher Geograph und Naturforscher
Puschkin, russischer Dichter
Solschenizyn, russischer Schriftsteller
Alfred Biolek, deutscher Rundfunk- und Fernsehmoderator
Döblin, deutscher Schriftsteller
Hitchcock, englischer Filmregisseur
Nobel, schwedischer Chemiker und Stifter des Nobelpreises
Krupp, deutscher Großindustrieller
Alwin Schockemöhle, deutscher Springreiter
Amadeus, Wolfgang Amadeus Mozart, österreichischer Komponist
André Heller, österreichischer Sänger und Schauspieler
Gide, französischer Schriftsteller
Andreas Brehme, deutscher Fußballspieler
Hofer, Tiroler Freiheitskämpfer

Andrej Sacharow, russischer Atomphysiker und Bürgerrechtler
Andy Warhol, amerikanischer Pop-Künstler
Anselm Feuerbach, deutscher Maler
Anton Tschechow, russischer Schriftsteller
Bruckner, österreichischer Komponist
Armin Hary, deutscher Leichtathlet
Arno Schmidt, deutscher Schriftsteller
Arnold Schwarzenegger, österreichisch-amerikanischer Bodybuilder und Schauspieler
Zweig, deutscher Schriftsteller
Arthur Miller, amerikanischer Dramatiker
Schnitzler, österreichischer Schriftsteller und Dramatiker
Attila Hörbiger, österreichischer Schauspieler
August Bebel, deutscher Politiker
Oetker, deutscher Unternehmer
Axel Springer, deutscher Verleger
von Ambesser, deutscher Schauspieler

Balthasar Neumann, deutscher Barockbaumeister
Béla Bartók, ungarischer Komponist
Benjamin Franklin, amerikanischer Physiker und Politiker
Benny Goodman, amerikanischer Jazzmusiker
Beppo Brem, deutscher Schauspieler
Bernhard Grzimek, deutscher Zoologe
Langer, deutscher Golfspieler
Wicki, Schweizer Schauspieler und Regisseur
Bertolt Brecht, deutscher Schriftsteller und Dramatiker
Beitz, deutscher Industriemanager

Berti (Hubert) Vogts, deutscher Fußballspieler und Bundestrainer
Bill Ramsey, amerikanisch-deutscher Schlager- und Jazzsänger
Björn Borg, schwedischer Tennisspieler
Bob Geldof, irischer Musiker und Sänger
Marley, jamaikanischer Reggae-Musiker
Boris Becker, deutscher Tennisspieler
Jelzin, russischer Politiker
Pasternak, russischer Dichter
Boy Gobert, deutscher Schauspieler und Regisseur
Bruno Jonas, deutscher Kabarettist
Burt Lancaster, amerikanischer Schauspieler
Reynolds, amerikanischer Schauspieler

Camillo Felgen, Luxemburger Sänger, Schauspieler und Radio- und Fernsehmoderator
Carl von Ossietzky, deutscher Publizist
Zuckmayer, deutscher Schriftsteller
Carlo Schmid, deutscher Politiker
Cary Grant, amerikanischer Schauspieler
Charles de Gaulle, französischer Politiker und General
Chaplin, amerikanischer Schauspieler
Dickens, englischer Schriftsteller
Lindbergh, amerikanischer Flugzeugpionier
Prinz von Wales und Kronprinz von Großbritannien
Che Guevara, südamerikanischer Revolutionär
Chris Howland, englischer Sänger und Moderator
Christian Dior, französischer Modedesigner
Morgenstern, deutscher Dichter

Neureuther, deutscher Skirennläufer
Christoph Columbus, italienischer Seefahrer
Clark Gable, amerikanischer Schauspieler
Claus von Amsberg, Prinz der Niederlande
Clemens von Brentano, deutscher Dichter
Clint Eastwood, amerikanischer Schauspieler
Curd Jürgens, österreichischer Schauspieler

Dag Hammarskjöld, schwedischer Politiker und Schriftsteller
Daniel Defoe, englischer Schriftsteller
Gelin, französischer Schauspieler
Danny de Vito, amerikanischer Schauspieler
David Ben Gurion, israelischer Politiker
Hasselhoff, amerikanischer Sänger und Schauspieler
Livingstone, englischer Forscher
Oistrach, russischer Musiker
Detmar Cramer, deutscher Fußballtrainer
Dieter Hildebrandt, deutscher Kabarettist und Schriftsteller
Hallervorden, deutscher Komiker
Kürten, deutscher Sportjournalist und Fernsehmoderator
Dietmar Schönherr, österreichischer Schauspieler und Regisseur
Mögenburg, deutscher Leichtathlet
Dietrich Bonhoeffer, deutscher evang. Theologe
Fischer-Dieskau, deutscher Opernsänger
Donald Sutherland, kanadischer Schauspieler
Douglas Fairbanks sen. und jr., amerikanische Schauspieler
Dustin Hoffman, amerikanischer Schauspieler

Eberhard Diepgen, deutscher Politiker
Gienger, deutscher Kunstturner
Eddie Fisher, amerikanischer Sänger
Constantine, amerikanisch-französischer Schauspieler
Eddy Merckx, belgischer Radrennfahrer
Edgar Allan Poe, amerikanischer Schriftsteller
Wallace, englischer Kriminalschriftsteller
Eduard Mörike, deutscher Dichter
Edzard Reuter, deutscher Industriemanager
Schaper, deutscher Schriftsteller
Egon Erwin Kisch, deutsch-tschechischer Journalist und Schriftsteller
Ehm Welk, deutscher Schriftsteller
Eike Immel, deutscher Fußballspieler
Elton John, englischer Rockmusiker
Elvis Presley, amerikanischer Rocksänger
Emil von Behring, deutscher Bakteriologe
Jannings, deutscher Schauspieler
Nolde, deutscher Maler
Zátopek, tschechischer Langstreckenläufer
Émile Zola, französischer Schriftsteller
Emmerich Kálmán, ungarischer Operettenkomponist
Engelbert Humperdinck, deutscher Komponist
Enrico Caruso, italienischer Tenor
Ephraim Kishon, israelischer Schriftsteller
Lessing, Gotthold Ephraim, deutscher Dichter
Erasmus von Rotterdam, niederländischer Humanist
Erhard Keller, deutscher Eisschnelläufer
Kästner, deutscher Schriftsteller
Erich Kästner, deutscher Schriftsteller

Ludendorff, deutscher General und Politiker
Maria Remarque, deutsch-amerikanischer Schriftsteller
Mende, deutscher Politiker

Ernest Hemingway, amerikanischer Schriftsteller

Ernst Barlach, deutscher bildender Künstler und Schriftsteller
Bloch, deutscher Philosoph
Jünger, deutscher Schriftsteller
Rowohlt, deutscher Verleger

Erwin Strittmatter, deutscher Schriftsteller
Rommel, deutscher Generalfeldmarschall

Eugen, Prinz von Savoyen, österreichischer Feldmarschall
Roth, deutscher Schriftsteller
Gerstenmaier, deutscher Politiker

Ewald Balser, deutscher Schauspieler
Lienen, deutscher Fußballspieler und -trainer

Ezra Loomis Pound, amerikanischer Dichter

Felix Graf von Luckner, deutscher Seefahrer und Schriftsteller
Mendelssohn-Bartholdy, deutscher Komponist
Wankel, deutscher Ingenieur und Erfinder

Ferdinand Freiligrath, deutscher Dichter
Graf von Zeppelin, deutscher Luftschiffkonstrukteur
Lasalle, deutscher Politiker
de Lesseps, französischer Diplomat
Porsche, deutscher Autokonstrukteur
Sauerbruch, deutscher Chirurg

Ferenc Puskas, ungarischer Fußballspieler

Fidel Castro, kubanischer Revolutionär und Politiker

Fjodor Dostojewski, russischer Schriftsteller
Florian Geyer, deutscher Reichsritter und Bauernführer
Francois Mitterrand, französischer Politiker und Präsident
Frank Elstner, Luxemburger Radio- und Fernsehmoderator
Laufenberg, deutscher Radio- und Fernsehmoderator und Musikjournalist
Sinatra, amerikanischer Sänger und Schauspieler
Wedekind, deutscher Schriftsteller
Franz Beckenbauer, deutscher Fußballspieler und Teamchef der deutschen Nationalmannschaft
Josef Strauß, deutscher Politiker
Sauerbruch, deutscher Arzt
Schubert, deutscher Komponist
Fred Bertelmann, deutscher Schlagersänger
Freddy Quinn, deutscher Sänger und Schauspieler
Friedrich Schiller, deutscher Dichter
Ebert, 1. deutscher Reichspräsident
der Große, König von Preußen
Nietzsche, deutscher Philosoph
Fritz Walter, deutscher Fußballspieler und Ehrenspielführer der Nationalmannschaft
von Unruh, deutscher Dichter
Kortner, österreichischer Schauspieler und Regisseur

Gary Cooper, amerikanischer Schauspieler
Kasparow, russischer Schachweltmeister
Gebhard Leberecht Blücher, preußischer Feldmarschall
Georg Büchner, deutscher Dichter
Hackl, deutscher Rennrodler
Thomalla, deutscher Schauspieler

George Bush, amerikanischer Politiker und Präsident
Harrison, englischer Musiker, Mitglied der »Beatles«
Washington, 1. amerikanischer Präsident
Gérard Philippe, französischer Schauspieler
Gerd Müller, deutscher Fußballspieler
Bucerius, deutscher Politiker und Verleger
Gerhard Polt, deutscher Kabarettist
Schröder, deutscher Politiker
Hauptmann, deutscher Dichter
Zwerenz, deutscher Schriftsteller
Gernot Endemann, deutscher Schauspieler
Gert Fröbe, deutscher Schauspieler
Glenn Ford, amerikanischer Schauspieler
Miller, amerikanischer Musiker
Golo Mann, deutscher Historiker und Schriftsteller
Gottfried Benn, deutscher Dichter
Keller, Schweizer Schriftsteller
Götz George, deutscher Schauspieler
von Berlichingen, deutscher Reichsritter
Gregor von Rezzori, österreichischer Schriftsteller
Gunnar Möller, deutscher Schauspieler
Gunter Sachs, deutscher Industrieller und Filmproduzent
Philipp, österreichischer Schauspieler
Günter Grass, deutscher Schriftsteller und bildender Künstler
Günther Pfitzmann, deutscher Schauspieler
Gustaf Gründgens, deutscher Schauspieler, Regisseur und Theaterintendant
Gustav Mahler, österreichischer Komponist
Freytag, deutscher Schriftsteller

Hannes Messemer, deutscher Schauspieler
Hans Albers, deutscher Schauspieler
-Dietrich Genscher, deutscher Politiker
Joachim Friedrichs, deutscher Fernsehjournalist
-Joachim Kulenkampff, deutscher Schauspieler und Quizmaster
Fallada, deutscher Schriftsteller
Rosenthal, deutscher Radio- und Fernsehmoderator
Sachs, deutscher Meistersinger
Harald Juhnke, deutscher Schauspieler und Entertainer
Hardy Krüger, deutscher Schauspieler und Filmemacher
Harry Valérien, deutscher Sportjournalist
Belafonte, amerikanischer Sänger
Heiner Geißler, deutscher Politiker
Heinrich Böll, deutscher Schriftsteller
Heine, deutscher Dichter
Lübke, deutscher Politiker und Bundespräsident
Schliemann, deutscher Archäologe
Heintje Simon, niederländischer Sänger
Heinz Rühmann, deutscher Schauspieler
Helge Schneider, deutscher Musiker und Komiker
Helmut Schmidt, deutscher Politiker und Bundeskanzler
Kohl, deutscher Politiker und Bundeskanzler
Schön, deutscher Fußballbundestrainer
Käutner, deutscher Filmregisseur
Henrik Ibsen, norwegischer Schriftsteller und Dramatiker
Henry Fonda, amerikanischer Schauspieler
Kissinger, amerikanischer Politiker
Maske, deutscher Berufsboxer
Herbert von Karajan, österreichischer Dirigent

Wehner, deutscher Politiker
Hermann Hesse, deutscher Dichter
Prey, deutscher Opernsänger
Neuberger, deutscher DFB-Präsident
Hieronymus Bosch, niederländischer Maler
Hoimar von Ditfurth, deutscher Schriftsteller und Wissenschaftler
Horst Buchholz, deutscher Schauspieler
Jankowski, deutscher Komponist und Chorleiter
Hubert von Meyerinck, deutscher Schauspieler
Hugo von Hofmannsthal, österreichischer Dichter
Humphrey Bogart, amerikanischer Schauspieler

Ignatius von Loyola, Gründer des Jesuitenordens
Ignaz Kiechle, deutscher Politiker
Igor Strawinsky, russisch-amerikanischer Komponist
Immanuel Kant, deutscher Philosoph
Imre Nagy, ungarischer Politiker
Ingemar Stenmark, schwedischer Skirennläufer
Ingmar Bergman, schwedischer Filmregisseur
Ingo Buding, deutscher Tennisspieler
Ivan Lendl, tschechisch-amerikanischer Tennisspieler
Ivar Kreuger, schwedischer Großindustrieller (Streichholzkönig)

Jack Lemmon, amerikanischer Schauspieler
London, amerikanischer Schriftsteller
Jacob Grimm, deutscher Germanist
Jacques Offenbach, deutsch-französischer Komponist
Jean Gabin, französischer Schauspieler

-Paul Belmondo, französischer Schauspieler
-Paul Sartre, französischer Philosoph und Schriftsteller
Anouilh, französischer Dramatiker
Jens Weißflog, deutscher Skispringer
Jesse Owens, amerikanischer Leichtathlet
Jimi Hendricks, amerikanischer Gitarrist
Jimmy Connors, amerikanischer Tennisspieler
Joachim Ringelnatz, deutscher Dichter
Fuchsberger, deutscher Schauspieler und Showmaster
Jochen Rindt, österreichischer Automobilrennfahrer
Johann Wolfgang von Goethe, deutscher Dichter
Gottfried Herder, deutscher Dichter und Philosoph
Sebastian Bach, deutscher Komponist und Musiker
Strauß, österreichischer Komponist
Johannes Gutenberg, deutscher Erfinder des Buchdrucks
Kepler, deutscher Astronom
Rau, deutscher Politiker
von Thurn und Taxis, Fürst
John F. Kennedy, 35. amerikanischer Präsident
Lennon, englischer Musiker, Mitglied der »Beatles«
Grisham, amerikanischer Schriftsteller
Joseph Roth, österreichischer Schriftsteller
Conrad, englischer Schriftsteller
Haydn, österreichischer Komponist
Kardinal Frings, Erzbischof von Köln
von Eichendorff, deutscher Dichter
Jules Verne, französischer Schriftsteller
Julius Hackethal, deutscher Arzt und Chirurg
Jürgen von der Lippe, deutscher Entertainer
von Manger, deutscher Unterhaltungskünstler

Prochnow, deutscher Schauspieler
Juri Gagarin, sowjetischer Kosmonaut
Justus von Liebig, deutscher Chemiker
Frantz, deutscher Musiker

Kai-Uwe von Hassel, deutscher Politiker
Karel Gott, tschechischer Schlagersänger
Karl Liebknecht, deutscher Sozialist
May, deutscher Schriftsteller
Böhm, österreichischer Dirigent
Schiller, deutscher Politiker
Valentin, deutscher Kabarettist und Schauspieler
Kevin Costner, amerikanischer Schauspieler
Keegan, englischer Fußballspieler
Klaus Kinkel, deutscher Politiker
Kinski, deutscher Schauspieler
Störtebeker, legendärer Seeräuber
von Dohnanyi, deutscher Politiker
Knut Hamsun, norwegischer Dichter
Freiherr von Kühlmann-Stumm, deutscher Politiker
Rasmussen, dänischer Polarforscher
Konrad Adenauer, 1. deutscher Bundeskanzler
Konstantin Wecker, deutscher Liedermacher
Kurt Schumacher, deutscher Politiker
Tucholsky, deutscher Publizist und Schriftsteller
Weill, deutscher Komponist

László Papp, ungarischer Berufsboxer
Laurence Olivier, englischer Schauspieler
Lauritz Lauritzen, deutscher Politiker

Lawrentij P. Berija, sowjetischer Politiker
Leif Erikson, norwegischer Seefahrer
Leo Tolstoi, russischer Dichter
Trotzki, sowjetischer Politiker
Slezak, österreichischer Sänger
Leonard Bernstein, amerikanischer Komponist, Dirigent und Pianist
Leonardo da Vinci, italienischer Architekt, Erfinder, Bildhauer, Maler und Naturforscher
Leonid Breschnew, sowjetischer Politiker
Leopold von Anhalt-Dessau, Fürst
Mozart, österreichischer Musiker; Vater von W. A.
Lew Jaschin, sowjetischer Fußballspieler
Kopelew, russischer Schriftsteller
Linus Carl Pauling, amerikanischer Chemiker
Lothar Matthäus, deutscher Fußballspieler
Späth, deutscher Politiker
Louis Pasteur, französischer Bakteriologe und Chemiker
Armstrong, amerikanischer Jazztrompeter
Lovis Korinth, deutscher Maler
Lucas Cranach der Ältere und der Jüngere, deutsche Maler
Ludger Beerbaum, deutscher Springreiter
Ludwig Erhard, deutscher Politiker und Bundeskanzler
Thoma, deutscher Schriftsteller
Mies van der Rohe, deutsch-amerikanischer Architekt
van Beethoven, deutscher Komponist

Magnus Hans Magnus Enzensberger, deutscher Lyriker
von Buchwaldt, deutscher Springreiter
Manfred von Richthofen, deutscher Jagdflieger

von Brauchitsch, deutscher Automobilrennfahrer
Rommel, deutscher Politiker
Germar, deutscher Leichtathlet
Krug, deutscher Schauspieler
Marc Chagall, russischer Maler
Marcel Reich-Ranicki, deutscher Literaturkritiker
Proust, französischer Schriftsteller
Pagnol, französischer Dramatiker
Marceau, französischer Pantomime
Marcello Mastroianni, italienischer Schauspieler
Marco Polo, italienischer Asienreisender
Mario Adorf, deutscher Schauspieler
Lanza, italienischer Tenor
del Monaco, italienischer Tenor
Marius Müller-Westernhagen, deutscher Schauspieler und Popmusiker
Mark Twain, amerikanischer Schriftsteller
Marlon Brando, amerikanischer Schauspieler
Martin Luther, deutscher Reformator
Held, deutscher Schauspieler
Lauer, deutscher Leichtathlet und Schlagersänger
Mathieu Carrière, französisch-deutscher Schauspieler
Matthias Claudius, deutscher Dichter
Richling, deutscher Kabarettist
Max Planck, deutscher Physiker
Reinhardt, österreichischer Schauspiellehrer und Regisseur
Schmeling, deutscher Berufsboxer
Maximilian Schell, Schweizer Schauspieler und Regisseur
Harden, deutscher Schriftsteller

Michael Ende, deutscher Schriftsteller
Douglas, amerikanischer Schauspieler
Jackson, amerikanischer Popmusiker
Schumacher, deutscher Automobilrennfahrer
Stich, deutscher Tennisspieler
Michail Gorbatschow, sowjetischer Politiker
Michel Piccoli, französischer Schauspieler
Mick Jagger, englischer Rockmusiker
Morten Olsen, dänischer Fußballtrainer

Nat King Cole, amerikanischer Musiker
Neidhard Graf von Gneisenau, preußischer Heerführer
Nelson Mandela, südafrikanischer Politiker
Piquet, brasilianischer Automobilrennfahrer
Nikita Chruschtschow, sowjetischer Politiker
Nikolaus Kopernikus, deutscher Astronom
Lenau, österreichischer Dichter
Nils Bor, dänischer Physiker
Nino Manfredi, italienischer Schauspieler
Norbert Blüm, deutscher Politiker
Norman Mailer, amerikanischer Schriftsteller

Olaf Gulbransson, norwegischer Maler und Zeichner
Oleg Popow, sowjetischer Zirkuskünstler
Protopopow, sowjetischer Eiskunstläufer
Oliver Cromwell, englischer Staatsmann und Heerführer
Hardy, amerikanischer Filmkomiker
Oscar Wilde, englischer Dichter
Straus, österreichischer Komponist
Oskar Kokoschka, österreichischer Maler

Werner, österreichischer Schauspieler
Lafontaine, deutscher Politiker
Oswalt Kolle, deutscher Sexualforscher
Otto von Bismarck, deutscher Politiker
von Lilienthal, deutscher Flugpionier
von Guericke, deutscher Physiker
Hahn, deutscher Physiker
Rehhagel, deutscher Fußballtrainer
Waalkes, deutscher Humorist und Komiker
Schily, deutscher Politiker

Paavo Nurmi, finnischer Leichtathlet
Pablo Picasso, spanischer Maler
Patrick Süskind, deutscher Dichter
Paul Lincke, deutscher Komponist
Mc Cartney, englischer Musiker (Beatles)
Newman, amerikanischer Schauspieler
Klee, deutscher Maler
Dahlke, deutscher Schauspieler
von Hindenburg, deutscher Generalfeldmarschall und Reichspräsident
Peer Schmidt, deutscher Schauspieler
Percy Sledge, amerikanischer Bluessänger
Petar (Radi) Radenkovic, jugoslawischer Fußballspieler und Sänger
Peter Alexander, österreichischer Sänger und Schauspieler
Frankenfeld, deutscher Showmaster
Müller, deutscher Berufsboxer
Scholl-Latour, deutscher Journalist
Tschaikowski, russischer Komponist

Ustinov, englischer Schauspieler und Schriftsteller
Phil Collins, englischer Sänger
Philipp Scheidemann, deutscher Politiker
Rosenthal, deutscher Unternehmer
Pierre Littbarski, deutscher Fußballspieler
Brice, französischer Schauspieler
Pinkas Braun, deutscher Schauspieler
Pirmin Zurbriggen, Schweizer Skirennläufer
Placido Domingo, spanischer Tenor

Rainer Barzel, deutscher Politiker
Maria Rilke, österreichischer Dichter
Werner Fassbinder, deutscher Filmemacher
Ralph Bendix, deutscher Schlagersänger
Benatzky, österreichischer Komponist
Ray Charles, amerikanischer Sänger
Reinhard Mey, deutscher Chansonsänger
René Deltgen, deutscher Schauspieler
Kollo, deutscher Opernsänger
Rex Harrison, englischer Schauspieler
Gildo, deutscher Schlagersänger
Richard Burton, englischer Schauspieler
von Weizsäcker, deutscher Politiker und Bundespräsident
Nixon, amerikanischer Politiker
Wagner, deutscher Komponist
Widmark, amerikanischer Schauspieler
Ringo Starr, englischer Musiker (Beatles)
Roald Amundsen, norwegischer Polarforscher
Dahl, englischer Schriftsteller

Robert Lemke, deutscher Fernsehmoderator
Koch, deutscher Bakteriologe
de Niro, amerikanischer Schauspieler
Redford, amerikanischer Schauspieler und Regisseur
Kennedy, amerikanischer Politiker
Rock Hudson, amerikanischer Schauspieler
Roger Bacon, englischer Physiker und Philosoph
Moore, englischer Schauspieler
Vadim, französischer Filmregisseur
Roland Kaiser, deutscher Schlagersänger und Showmaster
Rolf Hochhuth, deutscher Schriftsteller
Heyne, deutscher Verleger
Roman Herzog, deutscher Politiker und Bundespräsident
Polanski, polnisch-amerikanischer Filmregisseur
Ronald Reagan, amerikanischer Schauspieler und Politiker
Rudi Schuricke, deutscher Sänger
Carrell, niederländischer Sänger und Fernsehshowmaster
Dutschke, deutscher Revolutionstheoretiker
Völler, deutscher Fußballspieler
Rudolf Schock, deutscher Tenor
Caracciola, deutscher Automobilrennfahrer
Diesel, deutscher Ingenieur und Erfinder
Platte, deutscher Schauspieler
Scharping, deutscher Politiker
Virchow, deutscher Pathologe

Sacha Guitry, französischer Schriftsteller
Salvador Dalí, spanischer Maler
Sammy Drechsel, deutscher Kabarettist und Sportjournalist
Davis jr., amerikanischer Sänger und Schauspieler

Samuel Beckett, irisch-französischer Schriftsteller
Fischer, deutscher Verleger
Sean Connery, englischer Schauspieler
Sebastian Kneipp, deutscher kath. Pfarrer und Heilkundiger
Johann Sebastian Bach, deutscher Komponist
Haffner, deutscher Publizist
Sepp Herberger, deutscher Fußballbundestrainer
Maier, deutscher Fußballspieler
Sergei Prokofjew, russischer Komponist
Sergi Bruguera, spanischer Tennisspieler
Sergio Leone, italienischer Filmregisseur
Siegfried Lenz, deutscher Schriftsteller
Wagner, deutscher Komponist und Dirigent
Sieghard Rupp, deutscher Schauspieler
Sigmar Solbach, deutscher Schauspieler
Sigmund Freud, österreichischer Psychiater, Begründer der Psychoanalyse
Silvio Francesco, italienisch-deutscher Musiker und Sänger
Simón Bolívar, südamerikanischer General und Staatsmann
Sönke Sönksen, deutscher Springreiter
Stan Laurel, amerikanischer Filmkomiker
Stefan Zweig, österreichischer Schriftsteller
Edberg, schwedischer Tennisspieler
Sten Nadolny, deutscher Schriftsteller
Stephen King, amerikanischer Schriftsteller
Steve McQueen, amerikanischer Schauspieler
Steven Spielberg, amerikanischer Filmregisseur
Sven Hedin, schwedischer Asienforscher
Sylvester Stallone, amerikanischer Schauspieler und Regisseur

Tage Erlander, schwedischer Politiker
Tankred Dorst, deutscher Schriftsteller
Thaddäus Troll, deutscher Schriftsteller
Theo Lingen, deutscher Schauspieler
Waigel, deutscher Politiker
Theodor Heuss, 1. deutscher Bundespräsident
Körner, deutscher Freiheitsdichter
Storm, deutscher Dichter
Fontane, deutscher Dichter
Mommsen, deutscher Historiker
Theodore Roosevelt, amerikanischer Politiker und Präsident
Thilo Koch, deutscher Journalist
Thomas von Aquino, italienischer Theologe und Philosoph
Alva Edison, amerikanischer Erfinder
Mann, deutscher Schriftsteller
Münzer, deutscher Bauernführer
Gottschalk, deutscher Showmaster
Freitag, deutscher Kabarettist
Thommy Engel, deutscher Musiker und Sänger
Tilman Riemenschneider, deutscher Bildschnitzer
Tom Cruise, amerikanischer Schauspieler
Jones, englischer Sänger
Toni Sailer, österreichischer Skirennläufer
Schumacher, deutscher Fußballspieler
Tony Curtis, amerikanischer Schauspieler

Udo Lattek, deutscher Fußballtrainer
Lindenberg, deutscher Rockmusiker
Jürgens, österreichischer Sänger und Pianist

Ulrich von Hutten, deutscher Ritter und Humanist
Zwingli, Schweizer Reformator
Schamoni, deutscher Filmregisseur
Umberto Eco, italienischer Schriftsteller
Uwe Seeler, deutscher Fußballspieler
Beyer, deutscher Leichtathlet
Ochsenknecht, deutscher Sänger und Schauspieler
Johnson, deutscher Schriftsteller

Václav Havel, tschechischer Schriftsteller und Politiker
Veit Stoß, deutscher Bildhauer und Bildschnitzer
Harlan, deutscher Filmregisseur
Vico Torriani, Schweizer Sänger, Schauspieler und Showmaster
Vicco von Bülow, deutscher Karikaturist, Satiriker und Schauspieler
Victor Marie Hugo, französischer Schriftsteller
de Kowa, deutscher Schauspieler und Regisseur
Viktor Freiherr von Weizsäcker, deutscher Arzt
Vincent van Gogh, niederländischer Maler
Volker Lechtenbrink, deutscher Schauspieler
Schlöndorff, deutscher Filmregisseur

Waldemar Besson, deutscher Politologe
Bonsels, deutscher Schriftsteller
Walt Disney, amerikanischer Zeichner und Filmproduzent
Walter Scheel, deutscher Politiker
Giller, deutscher Schauspieler
Kollo, deutscher Komponist
Gropius, deutscher Architekt

Rathenau, deutscher Politiker
Jens, deutscher Schriftsteller
Walther von der Vogelweide, deutscher Dichter und Minnesänger
Wassily Kandinsky, russischer Maler
Werner Finck, deutscher Kabarettist und Schriftsteller
von Siemens, deutscher Ingenieur und Industrieller
Heisenberg, deutscher Physiker
Wernher Freiherr von Braun, deutsch-amerikanischer Physiker und Raketeningenieur
Wilhelm I. und II. von Preußen, deutsche Könige und Kaiser
Busch, deutscher Dichter und Maler
von Humboldt, deutscher Kulturpolitiker
Furtwängler, deutscher Dirigent
Raabe, deutscher Schriftsteller
Will Quadflieg, deutscher Schauspieler
William Shakespeare, englischer Dramatiker
Faulkner, amerikanischer Schriftsteller
Willy Brandt, deutscher Politiker
Millowitsch, deutscher Volksschauspieler
Birgel, deutscher Schauspieler
Reichert, deutscher Schauspieler
Messerschmitt, deutscher Flugzeugingenieur
Wim Thoelke, deutscher Sportjournalist und Showmaster
Wenders, deutscher Filmregisseur
Winston Churchill, englischer Politiker
Wladimir Iljitsch Lenin(Uljanow), russischer Revolutionär und Politiker
Wolf Stefan Traugott Graf von Baudissin, deutscher General

Albach-Retty, österreichischer Schauspieler
Biermann, deutscher Liedermacher
Wolfdietrich Schnurre, deutscher Schriftsteller
Wolfgang Amadeus Mozart, österreichischer Komponist
Borchert, deutscher Dichter
Mischnick, deutscher Politiker
Neuß, deutscher Kabarettist
Petersen, deutscher Filmregisseur
Wolfram von Eschenbach, deutscher Dichter
Esser, deutscher Sportjournalist
Wuttke, deutscher Fußballspieler

Xaver Franz *Xaver* Kroetz, deutscher Schauspieler und Regisseur
Franz *Xaver* Gabelsberger, deutscher Stenograph
Franz *Xaver* von Baader, deutscher Philosoph

Yannick Noah, französischer Tennisspieler und Musiker
York von Wartenburg, Ludwig Graf
Yves Montand, französischer Chansonnier und Schauspieler
Saint Laurent, französischer Modedesigner

Zacharias Werner, deutscher Dramatiker
Zdenko von Kraft, österreichischer Schriftsteller

Namenstage

Weibliche

Adelheid: 5. Februar, 10. Februar, 16. Dezember
Adriane, Ariane: 8. September
Afra: 7. August
Agnes: 21. Januar, 28. Januar, 16. November
Alice: 21. April, 12. Juni
Almut: 12. März
Amalia: 21. November
Amanda: 26. Oktober
Anastasia: 25. Dezember
Andrea: 12. Juni
Angela: 4. Januar, 31. Mai, 1. Juni, 2. November
Angelika: 28. März
Angelina: 10. Dezember
Anke: 9. Juni
Anita: 26. Juli
Anna: 9. Februar, 26. Juli
Annemarie: 26. Juli
Antonia: 6. Mai
Adrienne: 2. August
Astrid: 10. August
Aurelia: 13. Oktober, 15. Oktober

Barbara: 4. Dezember
Beate: 8. März, 29. Juni, 6. September
Beatrix: 17. Januar, 29. Juli
Bernadette: 18. Februar, 16. April, 22. September
Berta, Bertha: 8. April, 8. November
Bettina: 27. Februar

Bianca: 2. Dezember
Birgit, Brigitta, Brigitte: 1. Februar, 23. Juli
Birgitta: 22. Juli
Brunhild: 17. Dezember

Cäcilia, Cecilie: 22. November
Carina: 7. November
Carmen: 16. Juli
Carola: 17. August
Charlotte: 5. Juli, 4. November
Christa, Christiane: 4. Juni, 12. November
Christina, Christine: 13. Februar, 6. November, 15. Dezember
Claudia: 20. März, 18. August
Cornelia: 31. März, 16. September

Dagmar: 24. Mai, 23. Dezember
Daniela: 27. Juni
Debora: 21. September
Desiree: 23. Mai
Diana: 10. Juni
Dietlinde: 22. Januar, 28. Juni
Dodo: 30. März
Donata: 25. Juni
Dora, Dorothea: 6. Februar, 25. Juni
Doris, Dolores: 15. September

Edeltraud: 23. Juni
Edith: 26. Januar, 9. August, 16. September
Eleonore: 21. Februar, 25. Juni

Elfi, Elfriede: 8. Februar, 20. Mai, 19. Oktober, 29. Oktober
Elisabeth: 17. Juni, 8. Juli, 5. November, 19. November
Elke: 16. Dezember
Ella: 3. Januar
Ellen: 31. Juli
Elsa: 18. Juni
Elvira: 27. Januar
Emilie: 5. Januar, 17. Februar, 2. Juni, 24. August
Emma: 31. Januar
Erika: 18. Mai, 10. Juli
Erna: 12. Januar
Esther: 24. Mai
Ethel: 11. Oktober
Eugenia: 16. September, 25. Dezember
Eva: 24. Dezember
Evelyne: 14. März

Fabiola: 27. Dezember
Felicitas: 6. März, 26. März, 23. November
Flora: 24. November
Florentine: 17. Oktober
Franziska: 9. März, 21. August, 14. Dezember
Frauke: 25. April
Frieda: 3. März, 19. Oktober
Friederike: 24. März

Gabriele: 18. Januar, 27. Februar, 24. März
Georgia: 15. Februar
Gerda: 5. März, 17. März

Gertraud, Gertrud: 17. März, 16. November
Gina: 7. September
Gisela: 13. Februar, 7. Mai
Grete: 16. November
Gudrun: 8. Januar
Gunda, Gundula: 30. Januar, 6. Mai
Gwendolin: 18. Oktober

Hanna: 9. August, 2. Oktober, 4. Dezember
Hannelore: 21. August
Hedwig: 14. April, 16. Oktober
Heide: 5. Februar
Heidi: 10. Februar
Helena, Helene: 26. April, 22. Mai, 18. August
Helga: 7. Mai, 11. September
Henriette: 10. März, 6. August
Herta, Hertha: 12. April, 24. November
Hilda, Hilde: 12. Januar, 3. Juni, 17. November
Hildegard: 17. September, 25. September
Hiltrud: 27. September

Ida: 24. Februar
Ilse: 6. September
Ines: 2. März
Ingeborg: 30. Juli, 30. August
Ingrid: 3. August, 30. August, 2. September, 9. September
Irene: 21. Februar, 1. April, 5. April, 18. September
Iris: 4. September
Irma: 13. März
Irmgard: 19. Februar, 16. Juli

Irmtrud: 29. Mai
Isa: 6. Juli
Isabella: 22. Februar, 21. August
Isolde: 6. April, 5. August

Jacqueline: 25. März, 23. Juli
Jessica: 28. Mai
Johanna, Jeanne: 2. Februar, 30. Mai, 12. Dezember
Jolanda: 17. Dezember
Josephine: 23. Oktober
Judith: 13. März
Julia, Julie: 16. Februar, 8. April, 21. August
Juliana, Juliane: 16. Februar, 5. April, 19. Juni
Juliette: 30. Juli
Jutta: 13. Januar, 29. November

Karin: 30. April
Karla: 18. Januar, 28. Januar
Karola: 17. August
Karoline: 29. Januar
Katharina: 24. März, 30. April, 25. November
Katrin: 12. August
Kirsten: 13. Februar
Klara: 8. Mai
Konstanze: 18. Februar, 21. Mai, 25. Juli
Kordula: 22. Oktober
Kunigunde: 3. März, 13. Juli

Laila: 26. Januar
Larissa: 26. März

Laura: 10. August, 8. Oktober, 19. Oktober
Lea: 22. März
Liane: 19. Juni
Lina: 4. November
Lisa: 19. November
Lucia: 13. Dezember
Luisa, Luise: 31. Januar, 15. März, 24. Juli, 17. Oktober
Luzia: 13. Dezember
Lydia: 3. August

Magda, Magdalena, Magdalene: 24. Mai, 29. Mai, 22. Juli
Manuela: 27. August
Marcella: 31. Januar
Margareta, Margarete: 10. Juni, 20. Juni, 20. Juli, 16. Oktober, 16. November
Margot: 30. Dezember
Maria: 2. Februar, 25. März, 31. Mai, 2. Juli, 15. August, 22. August, 8. September, 15. September, 11. Oktober, 8. Dezember
Marianne: 17. April, 27. April
Marina: 17. Juli, 25. Juli
Marion: 22. Mai
Martha: 19. Januar, 29. Juli
Martina: 1. Januar, 13. Januar, 30. Januar, 2. Juli
Mathilde: 14. März
Mechthild: 26. Februar, 31. Mai, 19. November
Melanie: 31. Dezember
Michaela: 24. August
Mildred: 13. Juli
Monika: 4. Mai, 27. August

Natalia, Nathalie: 27. Juli, 1. Dezember
Nikola, Nicole: 10. September
Nicolette: 6. März
Nina: 25. November, 15. Dezember

Odette: 20. April
Odilia, Ottilie: 13. Dezember
Olga: 11. Juli, 21. Juli
Olivia: 5. März, 10. Juni

Patricia: 13. März, 15. August, 25. August
Paula: 26. Januar
Pauline: 9. Januar
Petra: 11. Juni
Philippa, Philippine: 16. Februar, 16. Oktober
Pia: 19. Januar, 3. September

Rachel: 30. September
Raffaela: 11. Juni
Rebekka: 23. März
Regina, Regine: 18. Januar, 10. Mai, 1. Juni, 7. Juli
Renate: 23. April, 22. Mai
Ria: 12. September
Ricarda: 18. September, 18. Oktober
Rita: 22. März, 22. Mai, 30. August
Romana: 23. Februar
Rosa: 21. Februar, 23. August, 30. August
Rosalie: 4. September
Rosi: 5. September
Roswitha: 30. März, 5. September

Rotraud: 22. Juni
Ruth: 6. April, 17. Juli, 1. September

Sabina, Sabine: 30. Januar, 1. Februar, 13. März, 2. Juni, 29. August, 27. Oktober
Sandra: 2. April
Sara, Sarah: 19. Januar, 13. Juli, 1. September, 10. Dezember
Senta: 13. Mai
Sibylla, Sibylle: 18. März, 29. April, 18. Dezember
Sieglinde: 24. Juli
Sigrid: 7. Januar, 5. Mai
Silvia: 3. November
Sissy: 22. November
Sophia, Sophie: 15., 16. Mai, 24. Mai, 3. September
Stella: 21. Juli
Stephanie: 26. März, 14. Mai, 3. August
Susanna, Susanne: 19. Februar, 24. Mai, 11. August, 26. September

Tamara: 29. Dezember
Tatjana: 12. Januar
Thea: 5. April, 25. Juli, 19. Dezember
Thekla: 23. September
Theodora: 1. April
Theresa, Therese, Theresia: 9. Mai, 5. September, 1., 15. Oktober
Tina: 17. Februar

Ulrike: 4. Juli

Ursel, Ursula: 21. Oktober
Uta: 3. Oktober
Ute: 4. Juni

Valerie: 14. April, 4. Mai, 20. Mai
Vera: 21., 24. Januar
Verena: 22. Juli, 1. September
Veronika: 9. Januar, 4. Februar, 28. Februar
Viktoria: 5. September, 23. Dezember
Viola: 3. Mai, 31. Dezember

Walburga: 25. Februar, 30. April
Waltraud: 9. April
Wilhelmine: 6. April, 19. September
Wiltrud: 2. Juli

Yvonne: 19. Mai

Zita: 27. April

Männliche

Abraham: 9. Oktober, 20. Dezember
Achim: 12. Mai, 16. August
Adam: 15. August, 24. Dezember
Adolf: 17. Juni
Adrian: 8. September
Alan: 14. Oktober
Alberich: 14. November
Albert: 7. August, 5. September, 22. Oktober, 15. November
Albrecht: 22. April
Alexander: 26. Februar, 18. Mai, 12. Dezember
Alf: 28. Oktober
Alfons: 1. August, 30. Oktober, 22. November
Alfred: 14. März, 26. Oktober
Alois: 21. Juni, 1. September
Amadeus: 24. August
André: 12. Juli
Andreas: 4. Februar, 19. Juni, 30. November
Anselm: 21. April
Anton, Antonius: 15. Januar, 17. Januar, 13. Juni
Antonio: 28. Februar
Armin: 2. Juni
Arno: 24. Januar, 13. Juli
Arnold: 1. Mai, 18. Juli, 1. Dezember
Arnulf: 18. Juli
Arthur: 20. Oktober
August: 18. Juli, 1. Dezember
Axel: 21. März

Balduin: 6. Oktober
Balthasar: 6. Januar
Bartholomäus: 24. August
Ben: 19. Dezember
Benedikt: 12. Februar, 21. März, 17. Juli
Benjamin: 30. August, 30. November
Benno: 16. Juni
Bernd: 30. Oktober
Bernhard: 15. Juni, 20. Juli, 20. August
Bert: 28. März, 28. November
Berthold: 27. Juli
Bertram: 10. Mai, 6. Juni, 30. Juli
Bodo: 2. Februar
Bonifatius: 14. Mai
Boris: 2. Mai
Bruno: 14. Februar, 27. Mai, 6. Oktober, 11. Oktober
Burkhard: 4. März, 14. Oktober

Camillo: 14. Juli, 18. Juli
Carlo: 15. Dezember
Christian: 14. Mai, 24. Mai, 3. November, 4. Dezember
Christoph: 15. März, 24., 25. Juli
Claudius: 30. Oktober
Clemens: 15. März, 23. November
Cornelius: 14. September
Crispin: 25. Oktober

Dagobert: 23. Dezember
Daniel: 10. April, 21. Juli
David: 26. Juni, 11. Dezember, 29. Dezember

Detlef, Detlev: 28. April, 23. November
Dieter: 1. Juli, 9. Juli
Dietmar: 5. März, 28. September
Dietrich: 6. Mai, 1. Juli
Dirk: 9. Juli
Dominik: 4. August, 20. Dezember

Eberhard: 9. Januar, 22. Juni, 14. August
Eckhard: 25. September, 27. November
Edgar: 8. Juli, 10. September
Edmund: 20. November
Eduard: 18. März, 26. Mai, 13. Oktober
Edwin: 4. Oktober
Egbert: 26. August
Egon: 15. Juli
Elmar: 24. März, 18. August, 28. August
Emanuel: 26. März, 1. Oktober
Emil: 8. Februar, 21. Mai, 11. September
Ephraim: 9. Juni
Erich, Erik: 18. Mai
Ernst: 12. Januar, 13. März, 7. November
Erwin: 25. April, 29. Mai
Eugen: 1. November, 13. November, 13. Dezember
Ewald: 3. Oktober

Fabian: 20. Januar
Falko: 20. Februar
Felix: 14. Januar, 11. September, 20. November
Ferdinand: 30. Mai, 19. Oktober
Florian: 18. April, 4. Mai

Francis: 17. September
Frank: 5. Juni
Franko: 10. Oktober
Franz, Franziskus: 29. Januar, 2. April, 4. Oktober, 3. Dezember
Fred: 8. November
Friedrich: 5. März, 20. November, 29. November

Gabriel: 15. Januar, 24. März, 29. September
Georg: 23. April
Gerald: 7. Dezember
Gerd: 24. Oktober
Gerhard: 19. März, 23. April, 24. September
Gernot: 24. September
Gerold: 19. April
Gregor: 2. Januar, 10. Januar, 12. März, 1. Juni, 3. September
Guido: 30. März, 12. September
Gunnar: 16. März
Gunther, Günter: 3. Juli, 9. Oktober, 28. November
Gustav: 10. März, 8. August

Hanno: 20. September
Hans, Hannes: 26. Juni, 14. Dezember
Harald: 27. Juni, 1. November
Hartwig: 14. Juni
Hauke: 8. Februar
Heino: 18. Oktober
Heinrich: 23. Januar, 15. Juli, 20. Dezember
Heinz: 2. März

Helmut: 28. April, 5. Oktober
Herbert, Heribert: 16. März, 25. Mai, 30. August
Hermann: 7. April, 21. Mai
Holger: 20. Dezember
Horst: 12. Oktober
Hubert, Hubertus: 20. März, 27. März, 3. November
Hugo: 1. April, 17. November, 27. Dezember

Ignaz: 1. Februar, 31. Juli, 23. Oktober
Igor: 19. September
Ingo: 21. Oktober
Isaak: 19. Oktober
Ivo: 19. Mai

Jakob, Jakobus: 3. Mai, 2. Juli, 25. Juli
Jan, Jean: 16. März
Joachim: 11. Mai, 26. Juli
Jochen: 16. August
Joe: 5. Mai
Johann, Johannes: 16. Mai, 20. Mai, 24. Juni, 27. Dezember
John: 10. März
Jonas: 21. September, 12. November
Jörg: 23. April, 7. Oktober
Josef: 16. April
Joseph: 19. März, 1. Mai, 27. August
Julian: 9. Januar, 27. Januar, 19. Februar
Justus: 10. November

Karl: 2. März
Kaspar: 6. Januar
Kevin: 6. Juni

Kilian: 8. Juni, 8. Juli
Klaus: 25. September
Klemens: 15. März
Knut: 19. Januar, 10. Juli
Konrad: 4. April, 26. November
Konstantin: 17. Februar, 8. Dezember
Kuno, Kunibert: 19. Mai, 12. November
Kurt: 19. Februar, 26. November

Leo: 11. April, 19. April, 12. Juni, 10. November
Leon: 20. Juli
Leonhard, Lienhard: 6. November
Lorenz: 21. Juli, 10. August
Lothar: 7. April, 15. Juni
Ludwig: 25. August, 9. Oktober, 25. Oktober
Lukas: 18. Januar, 17. Februar, 18. Oktober
Lutz: 19. August

Malte: 13. April
Manfred: 28. Januar
Marcel: 26. April
Marco: 13. August
Marian: 22. Dezember
Marius: 4. Januar, 19. Januar, 26. September
Mark: 7. Oktober
Markus: 4. Januar, 25. April, 18. Juni
Martin: 13. April, 10., 11. November
Matthias: 24. Februar
Max, Maximilian: 12. März, 14. April, 21. August
Melchior: 6. Januar

Michael: 5. Juli, 29. September
Mischa: 27. August
Moritz: 4. Februar, 22. September

Niels: 5. Dezember
Nikola: 10. September
Nikolaus: 20. März, 6. Dezember
Norbert: 6., 7. Juni

Olaf: 10. Juli, 29. Juli
Oliver: 1. Juli, 11. Juli
Oskar: 3. Februar
Otmar: 9. September, 16. November
Otto: 23. Februar, 30. Juni, 2. Juli, 27. November

Pankratius: 12. Mai
Patrick: 17. März
Paul, Paulus: 10. Januar, 25. Januar, 28. April, 29. Juni
Peter: 22. Februar, 28. April, 19. Juni, 29. Juni
Philipp: 8. Februar, 3. Mai, 22. August, 18. Dezember
Pierre: 9. Dezember

Raffael, Raphael: 29. September, 24. Oktober
Raimund, Reimund: 23. Januar, 31. August
Rainer, Reiner: 11. April, 15. April, 5. November
Ralf: 21. Juni, 1.Dezember
Reinhard: 15. April
René: 2. September
Ricardo: 7. Februar
Richard: 3. April, 21. Dezember
Robert: 4. Januar, 7. Juni, 11. August, 17. September

Roger, Rüdiger: 1. März, 6. Mai, 12. Oktober
Roland: 14. Juli, 9. November
Rolf, Rudolf: 29. März, 17. April, 29. Oktober
Roman: 18. November
Ronald: 20. August
Rupert, Ruprecht: 23. Februar, 27. März

Sam: 28. Juli
Samuel: 20. August
Sebastian: 20. Januar
Sergius, Sergej: 7. Oktober
Servatius: 13. Mai
Severin: 23. Oktober
Siegbert: 1. Februar, 12. Juli, 19. August
Siegfried: 15. Februar, 22. August
Sigismund: 2. Mai
Silvester: 26. November, 31. Dezember
Simeon, Simon: 5. Januar, 18. Februar, 16. März, 28. Oktober
Stefan, Stephan: 20. August, 28. November, 26. Dezember

Theo, Theodor: 26. Januar, 6. Februar, 11. Februar, 9. November
Thomas: 28. Januar, 22. Juni, 29. Dezember
Tilmann: 16. Januar
Tim: 26. Januar
Timo: 22. August
Titus: 6. Januar, 26. Januar, 18. September
Tobias: 13. Juni, 2. September, 13. September
Tom: 21. Dezember

Toni: 13. Juni
Tonio: 28. Februar

Udo: 3. Oktober, 28. Dezember
Ulf: 8. Juni
Ulrich: 11. März, 4. Juli
Urban: 25. Mai
Uwe: 4. Juli

Valentin: 7. Januar, 14. Februar
Veit: 15. Juni
Viktor: 20. April, 30. September, 10. Oktober
Vinzenz: 22. Januar, 24. Mai
Volker: 7. März, 18. Oktober
Volkmar: 9. Mai

Walter, Walther: 8. April, 17. Mai, 27. Juni
Werner: 11. Januar, 18. April
Wilfried: 24. April, 12. Oktober
Wilhelm: 1. Januar
Willi: 18. Dezember
William: 7. Juli
Willibald: 7. Juli
Winfried: 5. Juni
Wolf: 19. Juli
Wolfgang: 23. März, 31. Oktober
Wolfram, Wulfram: 25. Januar, 20. März

Xaver: 3. Dezember

Zacharias: 14. März, 6. September, 5. November

Literaturverzeichnis

Der Knaur, Universallexikon, München 1980

dtv-Lexikon in 20 Bänden, München 1992

Duden, Lexikon der Vornamen, 2. neu bearb. und erw. Auflage, Mannheim 1974

Gerr, Elke. Das große Vornamenbuch, München 1993

Köhr, Dietrich. Wie soll es heißen, Niederhausen/Ts. 1994

Otto, Brigitte. Vornamen. Herkunft und Bedeutung, 9. erw., überarb. Auflage, Düsseldorf 1994

Schill, Ines. 4000 Vornamen aus aller Welt. Niedernhausen/Ts. 1994

Seibicke, Wilfried. Vornamen. 2., vollst. überarb. Auflage, Frankfurt/M. 1991